朝日新書
Asahi Shinsho 718

やってはいけない不動産投資

藤田知也

朝日新聞出版

はじめに――一流エリートが〝カモ〟にされるワケ

客をダマせば年収3000万円

悪い業者の誘いに引っかかり、投資に失敗して大損した――。そんなニュースを聞くとき、正直、どんな感想を抱いているだろうか。

どん底に落ちた人たちを心の中で小バカにしていないだろうか。欲の皮を突っ張らせたしっぺ返しで、自業自得だとでも思っていないだろうか。

そんな考えがあるようなら、すぐに改めたほうがいい。自分は大丈夫、手を出さないから関係ない、なんて思っている人に限って、まんまと不動産業者の〝カモ〟になるからだ。

大手自動車メーカーや電機メーカーの管理職、IT企業のシステムエンジニア、あるいは生命保険会社の営業マン――。

これまで取材で会ってきた彼らは、誰もが名前を知るような大企業で働き、40代にもなると年収が1000万円を超える。課長や部長、執行役員といった肩書を持つ超エリートのサラリーマンでありながら、別の顔も持つ。不動産投資に手を出して失敗し、億単位の借金を背負い込んで返すめどがつかず、人生の崖っぷちに立たされているのだ。

有名大学を出て一流企業に就職し、結婚して子どもにも恵まれるなど、順風満帆だった人生は、取り返しがつかない方向へと漂流し始めている。失敗の代償がとてつもなく大きいのが、不動産投資の特徴でもある。

そんなエリートを喰いモノにし、多額のお金を吸い上げているのが、不動産業者とそこで働く従業員たちだ。

彼らが住むのは「弱肉強食」の世界。学歴など関係ない。中卒も高卒も同じ土俵で競い、大卒の社員を押しのけていく。オレオレ詐欺のかけ子（電話をかける役割）を卒業して活躍する強者もいる。物件がさばけると、新築ワンルーム1室で100万円、1億円の1棟物件なら数百万円のボーナスがもらえる反面、売れない月日が続くと給料を削られ、猛烈な罵りを浴びせまくられる。

物件を売りつけて契約をもぎ取ることが何より優先される。ウソをつくことに抵抗がなくなり、とにかく客にハンコをつかせる目的に邁進する。罪悪感を覚えてしまうような人間は脱落し、無鉄砲なタイプがのし上がる。客をダマして契約を積み上げれば、1年に2000万円、3000万円の報酬がもらえる。そこで磨かれる勧誘の手口は、エリートも簡単にダマされるほど巧妙になっていく。

餌食となるのは、高収入の一流企業社員ばかりではない。年収が500万円程度の会社員も、給与明細を偽造して年収が高いように見せかける手口で、エリートと同じ罠《わな》にはめる。銀行から多額の融資を引き出すため、知らないうちに資料を偽造される客も多い。消費者金融で借金を抱える人をつかまえ、「不動産投資家」に仕立てる業者までいる。そうして不動産を買わされた人たちの末路には、エリート以上に厳しい地獄が待っている。

地獄の入り口は「将来不安」

お金がなくても資産を手にできる!
働かなくても安定した収入を得られる!
子どもに資産をのこせる!

そんな誘惑に満ちたキャッチコピーが、地獄への入り口だ。ネット上にあふれるリンク先をクリックし、資料請求をした瞬間から、業者の手は忍び寄ってくる。

興味を引くきっかけは、現役世代に共通する「将来不安」にある。

バブル崩壊後から国の借金が膨らみ続け、延々と先送りされる〝ツケ〟を払うのは、いまの働き盛りとその子どもたちだ。長期安定政権のもとでも社会保障制度の改革はまったく進まず、現役世代が負わされる税と社会保障費の負担はますます重くなり、逃れることもできない。

そこに巻き起こった〝不動産投資ブーム〟は、かつてのバブルとは本質的に異なる。不動産価格が上がり続ける〝神話〟が広まったわけでもなければ、金満な生活に憧れたわけでもない。

ただ将来への備えを厚くし、安定した生活を長く維持したい。そんな切実な願望が、投資へと突き動かされる原動力となり、業者につけ込まれる隙にもなった。

業者の暗躍を後押しするもう一つの要因が、2013年春に始まった日本銀行の大規模な金融緩和だ。

日銀が巨額のお金を市場に注ぎ込み、金利を限界近くまで押し下げた。お金の貸出先がない銀行は融資審査の基準や手続きを緩め、不動産投資向けの〝蛇口〟をめいっぱい開け放った。

そうした動向を、強欲な不動産業者が見逃すはずもない。

金融緩和で銀行貸し出しが緩んだ今こそ「絶好のチャンス！」と客に思わせ、多額のお金を銀行から借りさせるように仕向ける。実績を伸ばすことに必死な銀行は、後で詳述するように、業者がちょっとした細工（＝不正行為）を加えることで、物件価格を大きく上回る金額を貸してくれる。ただでさえ高額な価格はさらにつり上げられ、1度の取引で数千万円を抜き取る荒稼ぎが横行するようになった。

日銀はおかしな理屈を口実に、金融緩和の拡大を続け、ついに16年には「マイナス金利政策」の導入にまで踏み込んだ。多くの会社員が業者に踊らされ、借金で不動産投資にのめり込む動きは頂点に向かって加速した。

ただ、投資が活発になり、不動産価格は値上がりしたのに、家賃の相場はほとんど変わらない。アパートが続々と建てられた影響で、家賃が下がる地域もめだつ。

投資する立場に立てば、物件の購入価格（投資額）に対する家賃収入の割合（＝利回り）は低下し、投資のうまみが減る。失敗する確率も高まるはずなのに、そのタイミングで多くのエリートが不動産投資に参入したのはなぜなのか。

巧みな交渉術、見抜くのは困難

無数の不正行為が発覚したシェアハウス投資も、ブームの一角を占めるものだ。

地方銀行のスルガ銀行（静岡県沼津市）がここ数年で融資した分だけで、1200人を超える会社員らが計2000億円超の借金を組み、1000棟を超す木造シェアハウスを東京都内に造りまくった。

物件を管理する運営会社が破綻し、契約書で保証されたはずの賃料収入が前触れもなく途絶えた途端、銀行への返済はままならなくなり、平穏な生活が一瞬にして暗転した。

そんな投資になぜ手を出すのかと、眉をひそめる読者も多いだろう。だが、不正やウソのカラクリを知ったあとと知る前とでは、見方はまったく変わるはずだ。

将来への不安から投資に関心を持ち、不正やウソがあるとも知らされず、「ちょっと資料を取り寄せるだけ」という軽い気持ちで足を踏み入れたとしたらどうだろうか。

そこで足をつかまれて離してはもらえず、頑として断ることができず、蟻《あり》地獄へ引きずり込まれるようにして陥落する人は意外に多いものだ。

この1年あまり、私はスルガ銀による不動産投資向け融資の問題を追いかける過程で、不正に手を染める不動産業者たちをじっくりと取材する機会を得られた。そこで目《ま》の当たりにしたのは、少なくない数の業者が「客想い」の表の顔とは裏腹に、客を客とも人とさえも思わずに、単にお金を吸い上げるための道具としか見なさないような商売や取引を重ねている現場の数々だ。これはシェアハウスに限った話ではない。

長続きしないことを知りながら、「家賃保証」をうたって安心させる。「自己資金ゼロ」というセールストークも、物件が法外に高額であることを隠し、リスクの大きさから目をそむけるためのウソに過ぎない。「高利回り」だと教える数字は、賃貸契約書を偽造してでっち上げる。契約した直後から多額の修繕費をむしり取るなど、隠されたコストを後出しするケースも多い。

プライドの高いエリートにはとことん下手に出ておだて上げ、気分を高揚させて契約にこぎつける。気が弱く優柔不断な人を見つけたらもうけもの、逃げ場のない袋小路へ容赦なく追い込み、最後は脅すようにして判をつかせることも厭《いと》わない。

相手によって交渉術を使い分ける彼らは、悪巧みに長《た》ける者ほど人当たりがよく、誠実さにあふれているように演じるのもうまい。誰がどれだけワルなのか。記者である私にも、見定めるのは難しかった。ころっとダマされる人が多いのもわかる。

まだまだ続くウソと不正

不動産業界は今もなお、不正も悪さもやったモノ勝ちだ。

預金通帳や給与明細を偽造し、賃貸契約書まで捏造《ねつぞう》して客や銀行をダマしまくる実態が明らかになっても、そうした業者に宅地建物取引業の免許を与える国土交通省や東京都などが行政処分を下す例はほとんどない。ダマしたほうが得をして高笑い、ダマされたほうは損をして泣きを見る。これでは「不正天国」を黙認しているようなものだ。

不正やウソでダマすのが〝オッケー〟だとすれば、悪さをするほど儲かる業者は、これからもウソの「罠」を仕掛け続けるだろう。実際、不正がバレた悪徳業者たちは、何のおとがめを受けることもなく、看板をかけ替えるなどして次の獲物を虎視眈々《こしたんたん》と狙っている。手を替え、品も替え、巧妙さもパワーアップしていくはずだ。

老後のお金が気がかりで、投資や資産運用といったものに少しでも興味があるなら、次はアナタが狙われる番かもしれない。

危ないのは、初めて投資を考える人だけではない。投資経験者のほうが警戒心が薄い分、業者にとっては格好のカモになる。悩みを抱える人に親切そうに近づく「コンサルタント」でさえ、高額な相談料をせしめて連絡がつかなくなるトラブルが後を絶たない。

本書では、ウソにまみれた業者の勧誘テクニックから儲けのカラクリまでを、ふんだんに紹介し、解説する。驚くような現実が、すぐそこに広がっている。その実態と手口を知れば、業者にカモられて身を滅ぼすリスクを、多少なりとも小さくすることができるだろう。

やってはいけない不動産投資　目次

第4章　「不正」には気づかせない　95

第7章 それでも投資したい人のために

図版作成　谷口正孝

第1章 「長期保証」で油断させる

休日にトイレそうじ

キュッキュッキュッ。

都内の住宅地にひっそりとたたずむ築4年目の木造シェアハウス。50代後半の男性が汗だくになりながら、共用トイレの便器をぞうきんで磨き上げていた。残暑が厳しい2018年8月の終わりのことだ。

男性は年収900万円台のサラリーマンで、都内在住の藤本さん（仮名）。トイレとシャワー、キッチンや洗濯機も共用の、このシェアハウスを保有するオーナーだ。週に一度、会社が休みの日に自宅から車で十数分かけてやってくる。

トイレットペーパーを交換し、風呂場の排水溝の髪の毛をつまみ上げて捨てる。台所も、床も、きれいに拭き上げて、外の草刈りも含めておよそ2時間を費やす。

「入居者はみんな若い女性で、男が来るのを嫌がる人もいました。気持ち悪いオッサンが来たな、とか思ったんでしょうね。ただ、掃除はろくにされてなくて、初めて来たときは、とにかく汚かった。それをぞうきんでピカピカに磨いて、全部きれいにした。ちゃんとした人がやってるなと思ってもらえたのか、いまでは挨拶くらいしてもらえますよ」

このシェアハウスを買えば、家賃収入が確実に入ってくる、と不動産業者からは売り込まれた。物件価格は1億円弱で、全額を銀行が貸してくれる。東武東上線の駅から徒歩十数分。便がいいとは言えないが、銀行への返済額を上回る月60万円台で運営会社が借りる契約を結ぶと聞かされ、14年末に購入を決めた。実際、約1年後の完成から2年ほどは約束どおりに賃料が払われた。

シェアハウスを自分で掃除する物件オーナー（東京都内、2018年8月）

ところが、18年1月に運営会社は行きづまり、賃料が振り込まれなくなった。それまで物件管理は業者任せで、掃除も委託していたが、入居者の募集や管理を別の不動産業者に頼み、住人には家賃の振込先を変えてもらい、少しでも経費を減らすため、日々の掃除や手入れは自分でやることにしたのだ。

収入は「60万円台」から激減した。

建物の維持管理には、入居者募集を行

う不動産業者への管理委託費（月約3万円）、電気やガスなどの光熱費（4万円前後）、入居者に提供する無線LANや警備会社の契約料なども合わせて月に計10万円近くかかる。家賃は1室5万円（光熱費や設備利用料を含む）で、10室に5人が入居中だったが、未払いの人もいたため、月々の収入は差し引き15万円程度。たった2年で4分の1ほどに減ってしまった。

この物件のために借りた約1億円の金利は4・5％なので、その利息（年間450万円程度）さえ払うことができなくなった。

実は藤本さん、ほかにも複数の赤字物件を抱えている。借金は合計2億円を超え、月々の返済額は百数十万円にも上る。高年収の藤本さんでも持ちこたえられず、銀行への返済を止めることにした。お金の借入先はすべて地方銀行のスルガ銀行（静岡県沼津市）だ。

自宅マンションには、そのスルガ銀の担当行員が呼び鈴を押しに何度もやってきた。そのたびに妻とふたり、息をひそめてやり過ごす。

自宅のローンもまだ残っている。すでに独立しているふたりの子どもに、この境遇はまだ伝えていない。恥ずかしくて言い出せずにいるのだが、スルガ銀が強行手段をとれば家計はすぐに破綻する。生殺与奪《せいさつよだつ》を銀行に握られ、これからどうなるかはまだわからない。

水も出ない〝新築アパート〟

どうしてこんなことになったのか。

藤本さんは2003年頃、新築のワンルームマンションから不動産投資を始めた。老後がいくらか楽になるのなら。資産を子どもたちに残せるのなら。誰もが浮かべそうな月並みな思惑が、投資を始めたきっかけだった。

複数の金融機関でお金を借り入れ、ピーク時にはワンルーム4室を保有した。7年ほど運用したあと、4室のうち3室を売却したところ、累計で1000万円ほどの利益が出た。ここまでは順調だったと言える。

失敗の始まりは11年末、スルガ銀行でお金を借り、築30年超の1棟マンションを約7000万円で買ったことだ。ワンルーム投資で得た利益は頭金にあてた。神奈川県の私鉄線の駅からほど近く、大学もある場所だったが、賃貸物件の数が多く、競争で家賃が下落していくうえに、消防設備の修繕費やリフォーム費用などで1500万円も請求され、払うお金がなくて約8％の金利でフリーローンを組まされた。これだけで年100万円超の利息負担が生じた（物件は17年ごろに6000万円強で売却）。

高金利のローン返済が重なって月々の収支は赤字となり、汲々《きゅうきゅう》としていたところ、「収支を改善できる方法がありますよ」と勧められたのが、冒頭の新築木造シェアハウス。勧めてきたのは、以前に新築ワンルームを買った都内の不動産業者だった。

前出のとおり、シェアハウスが完成してしばらくは、たしかに収支が改善した。

そこで気をよくして手をつけてしまったのが、2棟目のシェアハウスだ。

こちらは16年3月に1億円強で購入する契約を結んだ。埼玉県のJR埼京線沿いの駅から10分以上歩く場所にある。約束された家賃収入は月70万円台だったが、賃料を受け取ることは一度もなかった。

実はスルガ銀でお金は借りたものの、計画は途中で極小アパートに変更。工事が大幅に遅れ、まだ終わらないうちに業者と連絡がつかなくなり、物件は水道も通っていない状態で放り渡された。驚くことに、スルガ銀は物件を確認せず、本来は完成後に払うはずの融資資金をぜんぶ業者に渡してしまい、そのお金は下請けの建築会社などに渡る前に持ち逃げされていたのだ。

藤本さんがスルガ銀の支店へ出向き、業者と連絡がつかなくなって困っていると訴えると、融資担当の行員からこう突き放された。

「ウチには関係ありません。お金を借りたのは業者ではなく、アナタですから」

その後も窓口に通ったが、すげなく門前払いされ、水も出ない建物のための借金返済を強いられた。

この未完成の物件にも月に一、二度は出向いて外の草を刈り、窓を開けて空気を入れかえたり、フローリングの床を磨いたりしている。誰も住んでいない建物の手入れほど、わびしいものはない。

業者とスルガ銀にいい喰いモノにされた藤本さんは、こう悔やむ。

「初めてワンルームに投資したときは、現地に足を運び、収支がどうなるのかも自分なりに細かく調べた。それがうまくいって、いま思えば気が緩んでいた。仕事があるのも言い訳にして、途中からは業者の言うことをうのみにして、自分ではよく調べずに投資を決めていた。リスクが大きいものだという自覚に欠けていました」

ヒツジを狙うハイエナたち

２０１８年1月20日の土曜日。澄み切った青空が広がる東京・飯田橋のオフィス街に、ぴりっとした緊張感に包まれた一角があった。

私を含めてマスコミ数社の記者がたたずむほかに、高級ブランドのスーツやベルトを身にまとい、髪を短く刈り込んだ男たちが一つのビルを取り囲んだ。ガラの悪い不動産業者とその仲間たちだ。白いポルシェのわきに、整列して出番を待つ集団もいる。そこだけが六本木の夜のような光景だ。

獲物を物色するハイエナのような鋭い視線をかいくぐり、20~50代と見られる男性たちがビル内の貸会議室へ入っていく。ジーンズにユニクロダウンといったラフないでたちで、一様に浮かない顔を浮かべる。か弱いヒッジのようにも見える。

シェアハウスの運営会社が倒れそうだ、という情報を同僚がつかんできたのは数日前。会社は東京・銀座にオシャレなオフィスを構える「スマートデイズ」だという。

その会社は、新築シェアハウスに投資する会社員との間で、物件を借り上げる「サブリース契約」を結び、入居者からは家賃を集め、オーナーには賃料を払う。「30年間完全定額家賃保証」とうたって客を集めた時期もあった。

ところが、3日前に開いたオーナー向けの説明会で、「資金繰りが苦しく、賃料は払えなくなった」と通告したというのだ。オーナーの多くは銀行から多額の融資を受けているため、生命線である賃料収入が断たれれば、借金返済が困難になって大混乱となる。

目の前のビルでは2回目の説明会が開かれ、オーナーたちが同じ通告を受けるところだ。ガラの悪い男たちも同じ情報をつかんだのだろう。弱り切ったオーナーにたかって物件を転売したり、相談にのって多額の手数料をせしめたりすることをもくろみ、骨の髄までしゃぶりつくそう、という魂胆だ。

説明会が終わり、人が出てくると、待ち構える集団も一斉に動き出す。さっそく業者に足止めされ、話に聴き入るオーナーもいた。押しに弱く、流されやすい性格なのかもしれない。

私も数人に声をかけては引き留めて話を聴き、そのうち契約書類を持参していた後藤さん（仮名）を飯田橋駅前のファストフード店に誘った。そこで書類を広げてスマホで撮りながら、話は2時間超に及んだ。

後藤さんの勤め先は、誰もが知る大手の電機メーカー。40代後半で年収は1000万円を超える。

「老後の蓄えに」との思いから、不動産投資を始めたのは12年。中古ワンルーム3室を銀行のローンで立て続けに買ったのち、同じ業者から「面白い物件が出ましたよ」と示されたのが新築のシェアハウスだった。JR山手線の駅から徒歩圏内で、現地に行って周辺環

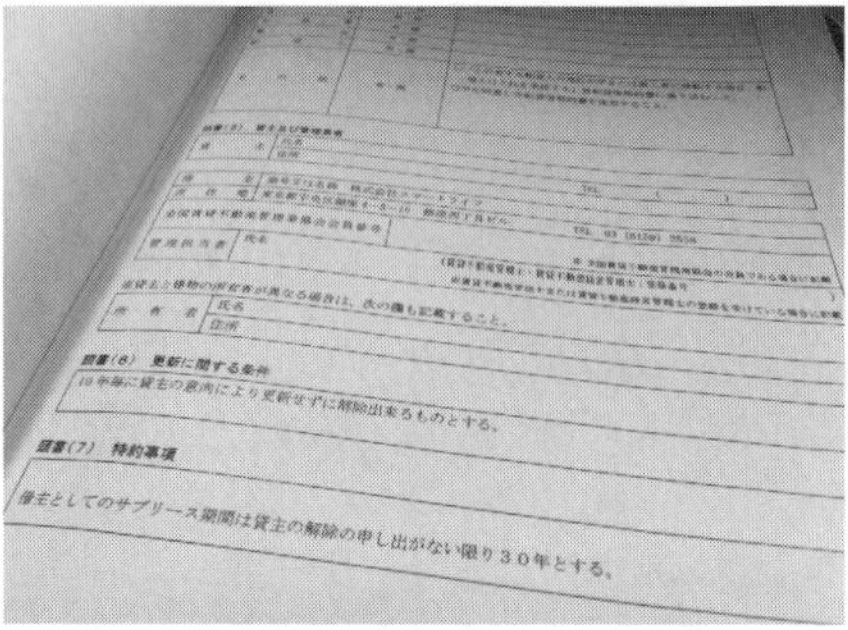

30年間のサブリースを約束した契約書。借り主であるスマートデイズ社側からは契約を解除しない、と書かれているように読める

境もよく見て回り、「これで最後」との覚悟で購入を決めた。14年後半のことだ。

あっさり破られる契約書

決め手は、高利回りの「サブリース契約」。前出の藤本さんと同じだ。

スマートデイズが月約80万円の賃料で物件を借り上げる内容で、利回りは年8％を超える。契約書の「特約事項」欄には、賃料が10年間は変わらず、オーナーが求めない限り契約期間は30年間とする、と書かれてある。

サブリース、と聞いて、最初は警戒した。アパート投資でサブリース契約に泣いている大家が多い、というニュースは知っていたからだ。大東建託やレオパレスといった賃貸アパートの大手では、何年か過ぎたのちに賃料の引き下げを迫られ、トラブルになって訴訟に発展した事例もある。

ただ、よく聞くトラブルは、家賃が減額される可能性が契約書には小さく書かれているのに、営業マンがきちんと説明せず、同じ賃料が30年も受け取れるかのごとく誤解させられたことに起因するケースが多い。

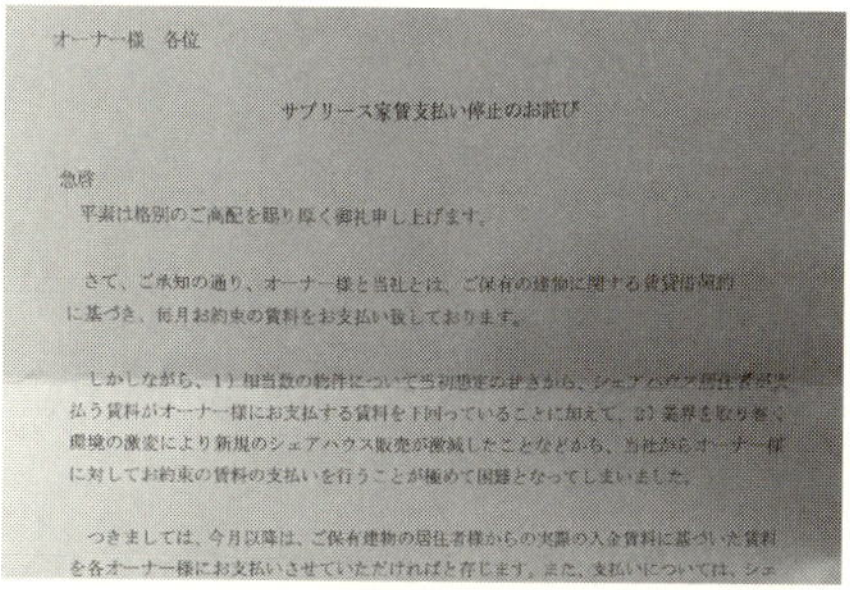
オーナー様　各位

サブリース家賃支払い停止のお詫び

急啓

平素は格別のご高配を賜り厚く御礼申し上げます。

さて、ご承知の通り、オーナー様と当社とは、ご保有の建物に関する賃貸借契約に基づき、毎月お約束の賃料をお支払い致しております。

しかしながら、1）相当数の物件について当初想定の甘さから、シェアハウス居住者が支払う賃料がオーナー様にお支払する賃料を下回っていることに加えて、2）業界を取り巻く環境の激変により新規のシェアハウス販売が激減したことなどから、当社からオーナー様に対してお約束の賃料の支払いを行うことが極めて困難となってしまいました。

つきましては、今月以降は、ご保有建物の居住者様からの実際の入金賃料に基づいた賃料を各オーナー様にお支払いさせていただければと存じます。また、支払いについては、シェ

サブリース家賃の減額を一方的に通告する書面。ゴールデンゲイン社が顧客らに送った

その点、スマートデイズの契約書には、10年後の賃料は減額する可能性があるときちんと書かれてある。営業マンもそのことをはっきりと口にするので、そこが後藤さんには「リアリティーがある」と感じられたという。

自分は契約書を隅々まで読み込み、10年後には家賃が目減りすることも踏まえ、投資を決める。将来の賃料減額が寝耳に水となって、サブリースに泣かされている人たちとは違う。そんなふうに思えた。

しかし、結果から言えば、保証されたはずの家賃収入は、10年どころか、物件完成から3年足らずで打ち切られ、一時ゼロになった。

シェアハウス分の銀行への返済額は月60万円弱。当初は毎月20万円の儲けとなるはずが、賃料収入が絶たれたあとは大赤字となる。

「きちんと契約したんだから、少なくとも10年は同じ家賃を受け取れるかと思った。まさか、こうもあっさり破られるとは。契約書なんか、たいした意味がないんだね」

後藤さんは物件の立地が悪くないため、破産の懸念は大きくないが、それでも状況を立て直すにはかなりの時間と手間がかかる。

破綻必至の自転車操業

週が明けた月曜日、2018年1月22日の夜。東京に記録的なドカ雪が降るなか、足をぬらしながら東京・銀座の表通りに面したビルを訪ねた。昼間、ここに入居するスマートデイズに取材を申し込むと、社長の菅澤聡《すがさわさとし》氏（当時）がインタビューに応じる、とその日のうちに打ち返してきたからだ。

菅澤氏は10日前の1月12日、同社の再建を目的に社長に就いたばかり。もとは大学生向けにコピー用紙の裏面を広告スペースにした無料コピーサービスで起業。タレントのベッキーさんを起用したスマートデイズのテレビCMを企画し、自身の会社が抱える学生会員にも売り込めるとの目論見《もくろみ》で、17年夏に20億円を出資して大株主になった。

ところが、ふたを開けば事前に聞かされた以上に経営状態は悪く、しかも出資直後に物件への銀行融資がばっさりと打ち切られ、たちまち危機に陥った。菅澤氏は前経営陣の責任を追及する立場をとり、話は赤裸々になった。

スマートデイズは「シェアハウス投資」を考案し、世間に広めた会社だ。13年秋以来、売りさばいたシェアハウスは未完成分も含めて計約1000棟。社長でも把握できないほど多数の仲介業者が会社員らを勧誘し、集めたオーナーは約700人に上る。15年以降に急拡大したため、投資して間もない客が多く、物件が未完成で1円も賃料をもらえない人も少なくない。物件価格は一様に相場より高く、スマートデイズ側が1棟につき4割前後、数千万円の粗利益を得ていたことも明らかにした。

主力ブランドは女性専用のシェアハウス

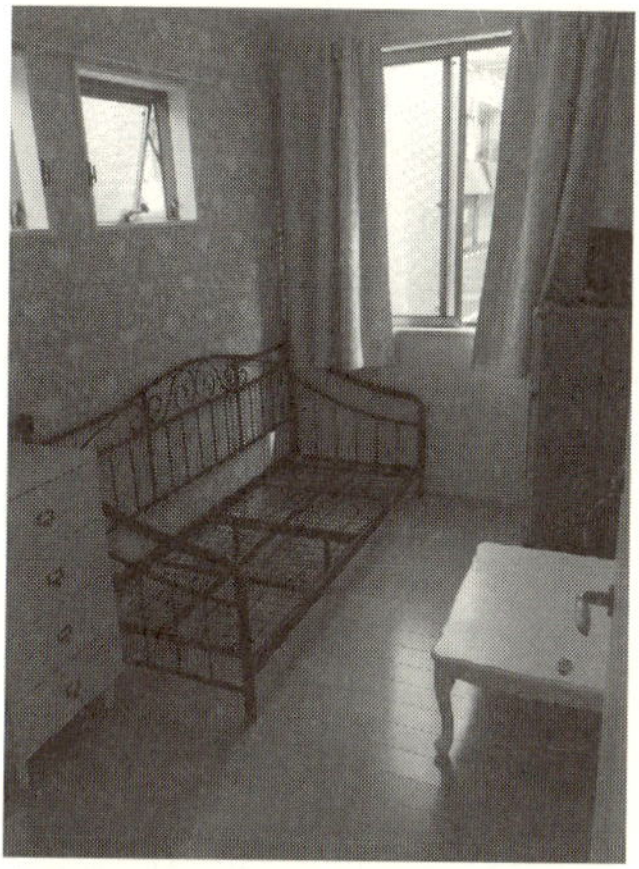

東京都内にある女性専用シェアハウス「かぼちゃの馬車」の一室

「かぼちゃの馬車」。新築で家具付き、敷金・礼金も不要なら、地方から上京する若い女性向けにニーズがある、という触れ込みだった。

不倫騒動から久々に復帰したベッキーさんが「シンデレラは夢をかなえるために馬車に乗った」としみじみ語るテレビCMを流し、「お金のない若者の出発を助ける社会貢献」というセールストークにくすぐられたオーナーも少なからずいた。

前社長の大地則幸氏が16年に出版したPR本『「家賃0円・空室有」でも儲かる不動産投資』(ダイヤモンド社)では、東京都は地方からの人口流入が続いていて、なかでも多いのが20代の若い女性だから、新築でオシャレな女性専用シェアハウスを23区限定で建てれば需要が見込める、と書かれている。スマートデイズ(当時はスマートライフ)の物件の入居率は9割超で、入居者向けの人材紹介など家賃以外の収入も見込めるため、高利回りが実現できるのだと、もっともらしく宣伝している。

だが、本が出版された頃には、入居率が4割前後しかなかった。入居者向けの商品PRや仕事紹介で家賃以外の収入も稼げるとうたったが、結果は17年時点で月に数百万円程度、1棟につき1万円も得ていなかった。

サブリースで年8%前後の高利回りを約束したことは仇《あだ》となる。物件価格を相場より高くつり上げ、利回りに合わせて想定家賃も上げざるを得なくなり、収支計画は無謀なものに変貌していく。物件の立地も月日とともに悪くなった。土地が安めだった東京都足立区など、同じエリアに似たような建物を集中的に造り、駅から徒歩10分以上の場所でも、風呂・トイレ共同の1室に6万円以上の家賃を設定せざるを得なくなった。

要するに、ウソで塗り固めた勧誘で寄せ集めた客に、億単位の借金をさせてシェアハウスを買わせまくったのだ。1棟売るごとに数千万円を荒稼ぎしては、その一部を既存のサブリース賃料にあてる「自転車操業」で、破綻は時間の問題だった。

生命保険の営業マンもダマされる

30代の中村さん（仮名）は、生命保険会社で働く営業マンだ。あの手この手で客を勧誘し、契約に持ち込むのが本業のプロでもある。

そんな中村さんも2017年春、都内のシェアハウスを1億数千万円で買う契約を結んだ。元手の資金はゼロで、物件価格も諸経費もぜんぶスルガ銀行の融資でまかなった。シェアハウスの運営会社はゴールデンゲイン（東京）で、スマートデイズのシェアハウス商法をマネしたパクリ業者の一つだ。

物件は17年秋に完成し、入居も始まった。ゴールデンゲインからは月約110万円の賃料が振り込まれる契約で、そのうち80万円程度が銀行への返済で引き落とされる。貯金は毎月、増えていくはずだった。

ところが、物件の完成から間もない17年末、入金を確かめようと、ATMで預金通帳を印字してみて、我が目を疑った。110万円あるはずの入金は40万円弱しかなかった。銀行の返済額は予定どおりに引き落とされ、残高は増えるどころか減っている。

あわてて運営会社に電話しても、ほとんどつながらず、ようやく人が出たかと思えば、「順番に対応してますから」。電話が折り返されることもなく、「ヤバイことが起きた」とすぐに悟った。

年が明けるとゴールデンゲインから「約束したお金は払えない」「別の運営会社に契約を引き継ぐ」などと釈明され、数カ月後に同社は自己破産手続きに入った。

物件は半分も部屋が埋まっていない。多額の借金を抱えながら、入居者の募集や管理を引き受ける管理会社の手配などに追われることになる。相場より高い価格で物件を買っているだけに、挽回《ばんかい》するのは一苦労だ。

中村さんは08年ごろにマンション投資を始めた。それがきっかけで業者の間に出回る

「投資経験者リスト」に名前がのり、次の物件購入を勧める電話があちこちからかかってくるようになった。耳を傾けることはほとんどなかったが、17年初めにかかってきた電話で「シェアハウスという面白い物件に投資してみないか」と誘われ、興味をひかれた。

「最初はうさんくさいなと思ったんですけどね。話を聞けば聞くほど、現実的に無理のない投資計画のように思わされたんです」

ゴールデンゲインとの契約では、約束された賃料が払われるのは2年間だけ。3年目から賃料が少しずつ減っていく収支計画ができていて、そのことが契約書でもきちんとうたわれている。

「物件が古くなるのに合わせて賃料が下がっていくところが、理にかなっていて現実的な計画に見えるじゃないですか。それで自分はダマされていないだろう、と錯覚してしまった」

勧誘の電話を最初に受けてから契約まで2カ月足らず。プロの営業マンでもダマせるほど、業者の勧誘術は巧みだった。

スルガ銀行の責任を問う物件オーナーたち（東京・日本橋のスルガ銀行東京支店前、2018年８月）

業者のえじきになるタイプ

高配当を約束して客から集めたカネを先客の配当にあてるのは、投資詐欺の古典的な手口でもある。詐欺の手口と同様に、大ヒットしたスマートデイズの「かぼちゃ」商法もまた、ゴールデンゲイン、サクトインベストメントパートナーズ、ガヤルドといった業者にパクられて一層広められた。スルガ銀行員の手引きでシェアハウスを手がける業者さえあった。結果的にシェアハウスに投資した人はスルガ銀行の融資先だけで１２００人超になり、契約を守った業者は皆無に近い。

シェアハウスの被害弁護団が約１８０人の物件オーナーを対象にしたアンケートによると、オーナーは40代が37%と最多で、30～50代で計96%を占めた。９割超が男性だ。職業は78%が会社員で、医師や学校関係者、公務員も複数いた。オーナーの居住地は都内在住者が43%と一番多い（スルガ銀行・スマートデイズ被害弁護団「弁護団アンケート集計結果」18年8月29日）。

取材した限りでは、会社員の勤め先は電機や自動車、金融などの有名企業が多く、年収が1000万円を超える高給取りもめずらしくない。ただ、年収は400万〜1000万円超と幅広い層に分布し、中心は700万〜800万円台。多くは社会で恵まれた属性に入る。

ただ、彼らの性格や特徴は一様ではない。

まず目につくのは、人の言うことに押し流されやすいタイプだ。

指示されたことを生真面目にこなす能力には長けていても、自分で課題や問題を特定して切り拓《ひら》いていくことは得意ではない。まじめな性格で勉強家だが、面と向かって「こうだ！」と言われると、つい受け入れてしまいがち。押しが弱く、不安な点があっても突き詰められないから、ハンコをつかせることしか頭にない営業マンには、格好のカモとなる。

一方、投資の知識や経験もそこそこあり、コミュニケーション能力が高く、交渉して譲歩を引き出す術も備えた人たちがいる。

典型的なのが保険会社の営業マンで、シェアハウス投資でつまずいた人のなかには意外に多い職種だ。価格が高いことは薄々気づきながら、高い利回りの「契約書」をもとに、数年先に売却して利益を得る算段を立てていた。業者といっしょに儲けを享受できる気にさせられながら、気づけば業者が一枚も二枚も上手、自分だけがリスクを背負わされていた。

ほかにも、さまざまな性格や属性がいる。ただ、不動産投資に走る動機はほぼ一致している。異口同音に語られるのは、「将来の備えとなる蓄えをつくりたい」というものだ。たとえば、40代後半で1000万円超の年収がある会社員の男性には、3歳の子どもがいた。定年後も余裕をもって子どもを大学に通わせたい。ゆとりある老後を過ごしたい一心で投資を決めたが、失敗した暁《あかつき》に待っていたのは、離婚と破産の危機だった。

海外旅行やブランド品を買いあさるような贅沢を求めたわけではない。都内で月並みよりすこし恵まれた今の生活を、老後まで維持したい。生活の向上ではなく、将来の安定を強く切望したことが、シェアハウス投資という無謀な道へ走った動機の大部分を占める。

その漠たる不安感は、同世代の会社員なら身に覚えがあるところだろう。

政府の野放図な財政運営のツケは現役世代に重くのしかかる。高齢化で医療費や介護費が膨らみ、国の借金は膨張《ぼうちょう》を続けて1100兆円を超え、働き手が背負う保険料や税金も年々増える。高齢者の仲間入りをする頃には、年金は削られ、医療や介護の負担ははるかに重くなる。経済誌が特集する「老後に必要な蓄え」には数千万円単位の、ため息が出るような金額が並ぶ。若い世代ほど将来の展望を明るく描くのは難しい。

割に合わない投資コスト

前出の弁護団アンケートによれば、シェアハウスの立地は、東京都区内に集中している。ただ、同じ都区内でも山手線沿線など便のいい物件はごく一部で、多くは山手線の外側のやや不人気なエリアに立っている。購入棟数は1人につき1棟が過半を占めるが、2棟以上買った人も60人以上いた。

弁護団が入手したスマートデイズの内部資料によると、不動産業者による土地の仕入れ値と建築費を合わせた平均価格は、1棟あたり7980万円。一方、銀行からの平均融資額は1億3000万円台。客への販売価格は融資額と同水準で、利益が大幅に上乗せされていたことがわかる。差額の一部はキックバックのような形で、建築会社からスマートデイズなどに還流していた。

客が自分で売り地を探し、建築会社にシェアハウスの設計と建築を直接、頼んでいれば、物件価格は数千万円も安くできた、ということだ。そうした手間を省いて業者にお任せするコストが数千万円ではとても割に合わないが、多くの人は周辺相場とそこまで開きがあることに注意を払わなかった。

理由は、業者が賃料を払ってくれる「サブリース契約」、もしくは「家賃保証」「空室保証」などという言葉に目を奪われ、安心させられていたせいだろう。

あとから思えば、物件価格が相場と比べて妥当かどうかをよく調べ、想定される家賃や入居率にどれだけ実現性や合理性があるかを突き詰めたうえで、投資を判断すべきだった。しかし、現実には多くの人が、サブリース契約に依存する形で、空室リスクは回避できるのだと錯覚し、業者に示された数字をうのみにした。現場に行って自分の目で確かめることもなく、多額の投資をした人も多い。

気が緩んでいた、という面も否めないだろう。

すでに紹介してきたように、シェアハウスが初めての不動産投資ではない、という人も意外に多い。以前に始めたワンルーム投資が市場の活況にも支えられて、存外にうまく回っている。不動産価格の上昇基調もあり、気持ちに余裕が生まれたせいもあるだろう。

初めての投資なら、警戒心が強く、慎重に行動する。しかし、二度目、三度目と重ねるうちに、「慣れ」が生じて警戒心も薄らぎ、業者の言いなりになりやすい。そうなったら不動産業者の思うつぼになる。

これはシェアハウスに限った話ではない。

精巧に偽造された病院のハンコ

東京・赤坂の一等地に立つ瀟洒《しょうしゃ》なオフィスビル。ワンフロアを占める不動産業者のU社を2018年3月に訪ねると、段ボール箱が堆《うずたか》く積まれていた。オフィスを閉じて引っ越す準備をしていたところだ。

出迎えたのは、U社にひとり残って残務整理をする60代の財務担当幹部だった。もとはメガバンクの銀行マン。出向先で定年を迎え、再就職の活動中に「会社を上場させたい」と熱く語る年下のU社の社長に会ったのが運の尽きだった。

設立して間もないU社は、地方の中古1棟マンションを会社員らに売っていた。16年12月～17年9月の10カ月間で、わかるだけで30～50代の客12人に計22棟の物件を売りさばいた。全員がスルガ銀行で億単位のローンを組まされている。

シェアハウスと共通するのは、客の多くが物件を実際に見ることもせずに購入を決めていることだ。東京在住者には兵庫の物件、兵庫在住者には栃木の物件といった具合に、客の居住地からはあえて離れた物件をあてがっていた。それでも物件が売れるのは、空室があればU社が代わって家賃を払うという口約束があったからだ。

先の元銀行員が幹部として働き始めると、社長の不穏な素性が見えてきた。六本木の賃貸マンションでキャバクラ嬢の愛人をかこい、高級外車を乗り回す一方で、過去には不動産業で納税を踏み倒したこともあり、自宅は差し押さえられているというのだ。

「このままでは上場なんかできませんよ」。そう社長に詰め寄ってから1カ月あまりが過ぎた17年10月のある日、社長はなんと忽然《こつぜん》と姿を消した。営業部長、営業課長、営業社員の3人も郵便ポストに退職届を放り込んで出社しなくなった。

もぬけの殻となったオフィスで幹部は、彼らの机の引き出しを開き、残されたパソコンの電源を入れた。そこから続々と出てきたのが、銀行から融資を引き出すために書類を改ざんしていた不正の証拠だ。

たとえば預金残高が50万円しかない預金通帳のコピーは、画像編集ソフト「フォトショップ」によって3000万円台に水増しして銀行に提出していた。同じような偽造書類の残骸は、客の全員に及んでいた。

多くの客は年収も水増しされていた。実際の年収は500万～700万円程度なのに、源泉徴収票や確定申告書といった資料が偽造され、800万円台から多い人は1000万円超の高給取りに〝演出〟されていた。

精巧に作られた病院のハンコも複数種類が見つかった。実在する病院のハンコを注文してつくり、健康診断書まで偽造していたのだ。客を団体信用保険に加入させるのが目的で、高すぎた血圧の数値を低く改ざんして基準内に収める例があった。

物件価格のつり上げ方も凄まじかった。

たとえば8000万円で仕入れた地方の中古1棟マンション。築年数が20年超と古く、「まともに売るなら1億円程度が限界」（幹部）とみられる物件は、1・3億円で売られている。全額を銀行融資でまかなうため、銀行には1・6億円で売買するというウソの契約書を提出し、1・3億円分の融資が引き出されていた。

経費を引いても、儲けはざっくり4000万円を下らない。それを10カ月で22棟も売りさばいたのだから、利益は軽く5億円を超えるはずだが、売り上げの多くは社長の親族が営むとみられる別会社の口座などへ流されていた。

客があてにした空室家賃の支払いも、あっけなく打ち切られた。社長らは居住者から回収していた家賃まで持ち逃げし、別の業者に潜り込んで客に連絡を入れては「U社の社員が家賃を横領したようだ。今後の管理はこっちに任せて」と触れて回ったという。

物件のなかには、売却時に三十数室あった部屋のうち5室しか埋まっていないのに、客には「満室」と説明したものもあった。「半値でも割に合わない物件」（幹部）だったが、客も数カ月は満室の賃料を受け取れたため、ひどい物件をつかまされたと気づくのは、社長らが逃げたあとだった。

当初は「社長からお金を取り戻し、顧客に返したい」と意気込んでいた幹部も、のらりくらりと逃げ回る社長らに根負けし、数カ月後には退職。億単位の借金とボロ物件を抱えた客を置き去りにして、U社からはついに誰もいなくなり、紙だけの会社となった。

これは決して特殊な例ではない。

カモは目先の収支しか見ない

「うちの会社、ヤバイんすよ。もう終わりが見えちゃってるんで、今のうちに話しちゃおうって思いまして。そのほうが可哀想な人が減るかなって」

そう口火を切ったのは、20代の若者だ。都内の小さな喫茶店で落ち合ったのは、201

8年4月のことだ。

勤め先は、東京・渋谷にある不動産業者のH社。中古1棟マンションと、中古区分マンションを売っている不動産業者で、ピーク時で1カ月に中古1棟マンションを数棟、区分マンションも十数戸を売りさばいた。

自己資金は一切不要。利回りはおおよそ7％台と高め。客には聞こえのいい話ばかりだったが、オフィスの中にはいろんな名前の印鑑がごろごろ転がっていたという。

空室なのに満室を装ったり、家賃を高く偽ったりするため、従業員同士でハンコを押し合い、筆跡を変えながら賃貸契約書を偽造していたからだ。そうすることで、たとえば8000万円の物件を1・3億円程度につり上げても、買い手は簡単に見つけられたという。

若者は冷め切った表情で、こう語った。

「価格が高くても、銀行返済分を引いても収支がプラスになる試算表を無理やり作って、『キャッシュフロー、プラスですから』って売り込むんスよ。そこに『空室家賃保証つけますから』『35年のローン期間中は保証しますんで』『絶対にマイナスになりませんから』と言っちゃえば、客は細かいとこ、ほとんど見ないっスから。目先の収支だけ見て、保証しますと言われると安心する。そういう売り方を『キャッシュフロー保証』と呼んでました。ただ、売るときに大儲けできても、むちゃくちゃな数字をいつまでも保証できないから、いずれヤバイことになるのは間違いないんじゃないスか」

H社の「空室家賃保証」は、空室があれば家賃の8割を補塡《ほてん》するという内容の契約書が客らと交わされることが多かった。契約書には3年で見直す可能性を盛っていたが、現場では「ローンの完済まで続ける」というのが常套《じょうとう》のセールストークだったらしい。

しかし、もはや業者の約束など守られないのが当たり前だと考えたほうがいい。

物件価格を大幅につり上げた結果、収支を無理やりプラスにするには、保証する家賃収入も異様に高く設定しないといけない。結局、客に保証した賃料と実際にH社が入居者から受け取る家賃の収支はマイナス（逆ざや）となり、その開きは大きくなる。シェアハウスの運営会社と同様、新たな物件売買で得た利益を既存の客への賃料支払いにあてるという典型的な自転車操業に陥る。逆ざやは膨らむ一方で、18年に入って銀行の融資審査が厳しくなると、H社の収支も急速に悪化した。

吸い上げられた利益がすこし戻るだけ

H社で複数の物件を買った川野さん（仮名）は2018年初め、同社の担当者から電話でこう告げられた。

「大変申し訳ありません。シェアハウスの報道による風評被害のせいで、業績が悪化していまして、今までどおりに賃料を払えなくなりました」

H社からの賃料は銀行への返済額と同程度まで引き下げる、とも一方的に通告された。

川野さんは2年前、東海地方にある築年数の古い1棟マンションを7000万円で買った。月々の収支は「絶対にプラス」と売り込まれた。10室中2室しか入居していなかったが、確かにH社から約束どおりの賃料が振り込まれ、銀行への返済額を差し引いても月に十数万円が手元に残った。それが2年ほど続いたため、すっかりH社を信用してしまい、17年後半に勧められた物件も1億数千万円で買ってしまった。どちらもスルガ銀行のローンで全額をまかなった。

H社から受け取る賃料が銀行返済額と同額に減ると、ほかに必要な固定資産税や火災保険といった諸経費は持ち出しになる。「絶対にプラス」とまで言っていたのに、話が違う。

何とか元のまま払ってもらえないか。しばし川野さんが粘っていると、H社の担当者はこう切り返してきた。

「それでは誰か、お客さんを紹介してもらえないでしょうか。そうしたら紹介手数料を稼げて、元どおりの家賃を取り戻せる可能性がありますよ」

倒れかけているも同然の業者に、知人を巻き込めるはずがない。家賃の減額を受け入れるよりほかに選択肢は見つからなかった。

最初に7000万円で買った東海地方の物件を手放すことも考えたが、地元の不動産業者に見積もりを頼むと、「建物の管理状態がひどいので無理。更地なら5000万円で買い取る」と押し戻された。5000万円で売却するには、入居者を退去させ、建物を解体する費用もかかる。物件の資産価値が借金の額を大幅に下回る「債務超過」にあるのは明らかだ。

川野さんが買った2棟の物件だけでも、間に入る不動産業者が5000万円前後の利益をせしめていたはずだ。「家賃保証」として川野さんに払われた賃料とは、そうした利益の一部が還元されていたに過ぎない。

「家賃保証」とは要するに、客が払った大金の一部をすこし返してあげるだけのこと。そんな不動産業者のまやかしに、あまりにも多くの人が翻弄《ほんろう》された。

次章では、業者が会社員らを踊らせて生み出した不動産投資ブームの中身を見ていく。

第2章　「今がチャンス」と錯覚させる

投資ブームでアパート乱立

日本で多くの会社員を巻き込んだ「不動産投資ブーム」は、2013年から17年にかけて沸き起こった。12年末に発足した安倍政権の経済政策「アベノミクス」のもと、景気が緩やかな改善を続けた時期と重なる。

まずは12年の途中から都心部の新築ワンルームマンションへの投資が活発になった。物件の価格帯は1000万円台後半から2000万円台といったところだ。

その後、投資の対象は1棟丸ごとのアパートやマンションなどへ広がっていく。

ワンルーム投資に参入した会社員らに対し、もっと高額な物件への投資を促す不動産業者が、14年から15年にかけて激増した。物件は新築アパートや築年数の古い1棟マンションに変貌し、対象エリアは都市部から地方へ広がった。投資額は数千万円単位から億単位に膨らみ、平凡な会社員が2億~3億円台の物件を購入するケースもめずらしくなかった。シェアハウスという変わり種も、そうしたブームの一角でにぎわいを見せたものだ。

アパートの新築着工ははじめは首都圏で増殖し、16年にかけては北陸や四国など地方でも激増した。相続課税が強化された15年の制度改正も背景に、裕福な地主が相続税を減らす狙いで所有地にアパートを建てる動きが話題になったが、その裏で、不動産業者が一般の会社員に土地を買わせ、アパートを造らせまくっていたことは、あとになって注目されるようになった。

ブームのピークは16年から17年にかけてやってきた。銀行の投資不動産向けの新規貸出額は16年に過去最高額に達した（次ページ図表参照）。17年も高水準が続き、投資の勢いは衰えなかったが、業者間の競争は熾烈《しれつ》を極め、物件の価格は高騰した。価格が高くなると利回りは悪くなるため、一部の銀行では貸し出し姿勢が慎重になり、撤退する業者も出始めるなど、ブームの陰りが見え隠れした。

終止符を打つ決定打となったのは、18年にシェアハウス投資をめぐるトラブルが報じられたことだ。銀行自身も加担した不正融資の実態が暴かれ、銀行の融資審査は厳しくなり、ブームはいったん終息の局面を迎えている。

需要を6万戸上回った賃貸住宅供給

ブームを裏付けるデータも見ておこう。

個人の不動産投資の趨勢《すうせい》は、国内銀行の貸出額から読み解くことができる。

【図表2-1】 国内銀行の不動産業向け新規融資額

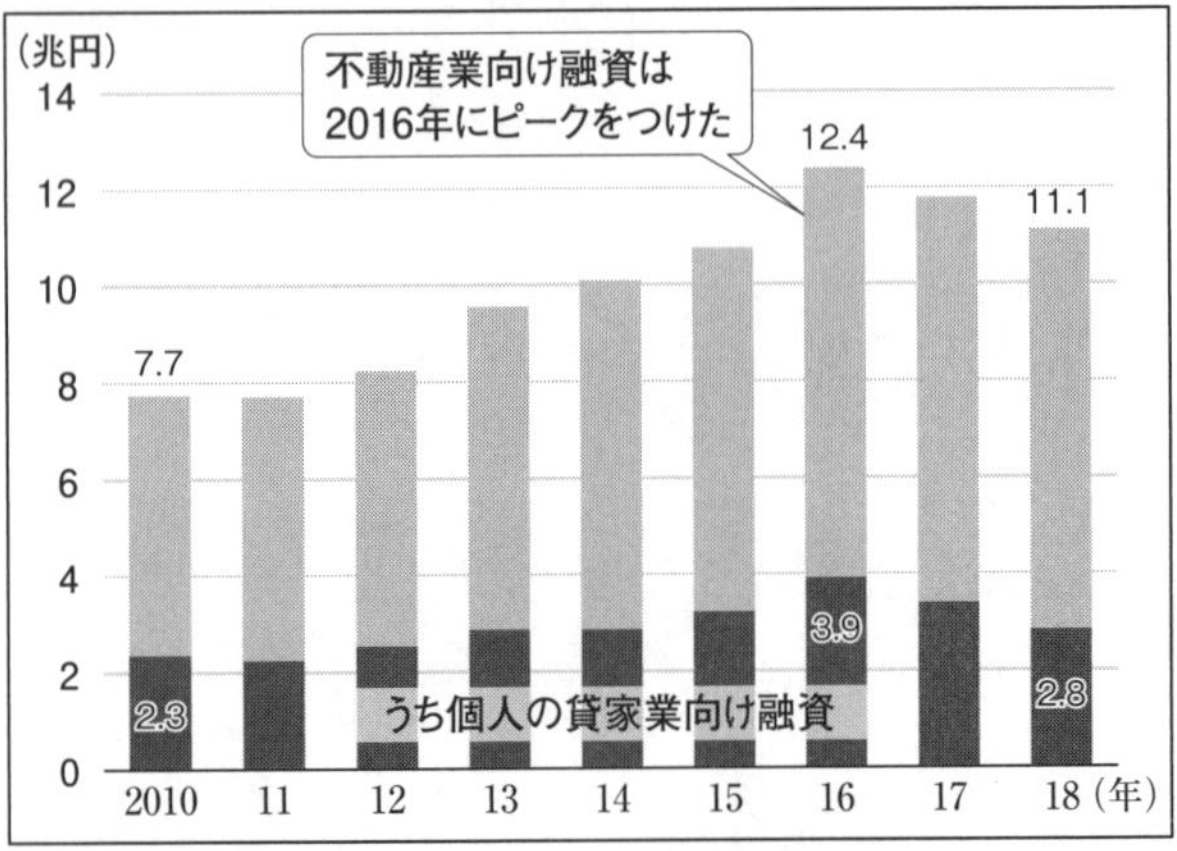

※日本銀行「貸出先別貸出金」2019年2月8日更新分より

日本銀行の統計によると、国内銀行の「個人による貸家業」向けの貸出残高(設備資金、以下同)は18年末時点で23・2兆円。12年末からの6年間で3・2兆円(16・3%)増え、09年に統計をとり始めて以来、過去最高を更新し続けている(日本銀行「貸出先別貸出金」2019年2月8日更新分)。

新規の貸出額でみると、その勢いの変化は如実だ(図表2−1)。貸出額は13年ごろから大幅に増え、16年は4兆円近くに達している。

銀行の貸出額はこの間、不動産業界全体でも急伸している。「不動産業」向けの新規貸出額は14年以降、毎年10兆円を上回っ

【図表2-2】 アパートなど貸家の着工戸数

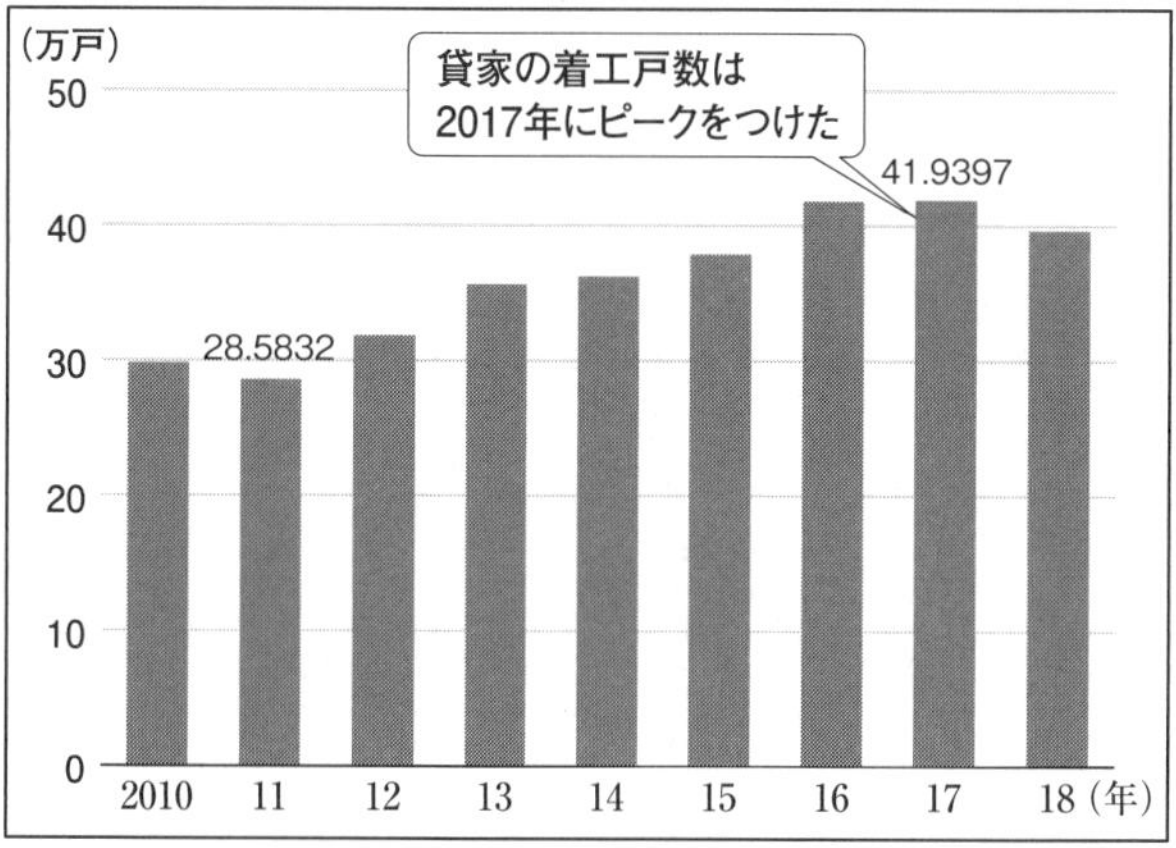

※国土交通省「住宅着工統計」2019年１月31日公表より

ている。なかでも16年は12・4兆円、17年も11・7兆円とバブル期の最高額（1989年の10・4兆円）を上回った。その結果、「不動産業」向けの貸出残高は18年末時点で53・5兆円に。6年間で34・0％（13・6兆円）も増え、バブル期の倍以上に膨らんでいる。

国内銀行の総貸出残高（設備資金以外を含む）は18年末時点で504兆円。6年間で19・0％増えたが、ピークだった90年代半ばの水準には及ばない。不動産業向けの融資拡大が突出していることがわかる。

融資の伸びと歩調を合わせるように、アパートの新築着工も急増した（図表2－2）。国土交通省の統計によると、アパートを含む「貸家」の着工戸数は11年の28万戸台からぐんぐん増え続け、16～17年は41万戸台にまで達した。ただ、18年は7年ぶりに前年を下回り、40万戸を割り込んでいる（国土交通省「住宅着工統計」２０１９年1月31日公表分）。

高齢化と人口減少が進むなか、地方でこれほどアパートが増えても入居者は追いつかない。

内閣府が17年1月に公表したリポートでは、賃貸住宅の新設需要は16年で年間35万戸程度と推計された。同年の実績はそれを6万戸も上回るうえに、本来は高齢者向けに広めの部屋が求められるのに、現実にはワンルームの狭いアパートばかりが供給されるミスマッチも起きていると指摘されている（安井洋輔・江尻晶彦「貸家建設と潜在需要」内閣府）。

無理筋の金融緩和策

ブームの起点は、２０１２年12月の安倍政権の誕生にある。

思い切った金融緩和で資金供給量を増やせば、日本でも「物価上昇率２％」を実現できる、実現すればかつてのような高成長経済が再び出現する――経済学の世界でも異端の主張に安倍首相がのっかり、日本銀行に強力な金融緩和を実施させることを選挙の公約にして政権を奪い返した。

日銀は新政権から求められるまま、中央銀行の独立性もかなぐり捨て、「2％」こそが日本経済にとって「正常な状態」だと決めつけ、その実現を政策の最優先課題に位置づけた。

安倍首相の意を受けて就任した日銀の黒田東彦《はるひこ》総裁は「2年で2％を実現できる」と高らかに宣言し、前例のない規模の金融緩和を13年4月にスタートさせた。

2％を口実に、日銀は大量の国債を買い入れ、それと引き換えに巨額のマネーを金融市場に注ぎ込んだ。国債だけでなく、株価に連動する上場投資信託（ＥＴＦ）や不動産投資信託（Ｊリート）の資産までをも大量に市場から吸い上げた。

経済はいろんな要素で構成されていて、金融政策だけで物価をコントロールするのは困難だと考えられる。それにもかかわらず、日銀と政府は「2年で2％」が叶《かな》わないことがはっきりしたあとも、現実を直視せず、「緩和をもっと強めれば次こそ2％を実現できる」とかたり続け、無理筋の強行路線を押し通した。

緩和開始から1年半が過ぎた14年10月の追加緩和で、日銀は長期国債などの資産購入量をさらに拡大させた。その後も原油安の影響などで物価が下落したことなどを理由に、16

年1月には「マイナス金利政策」の導入を決定。16年7月にはETF購入量をさらに倍増し、開始時に比べて6倍もの量とした。だが、もはや緩和カードを切り続けても市場を壊して悪影響を強めるばかりという事態にまで行き着いた。

長期国債の大量購入とマイナス金利の導入で、長期金利は16年夏場にかけて史上最低の水準まで低下した。金融機関収益の悪化や消費者心理への悪影響が日銀の想定をはるかに超えて出てきたところで、ようやく正気に戻って弥縫《びほう》策《さく》を講じる方向にカジを切った。16年9月からは国債購入量や資金供給量を減らし、金利を（16年夏よりいくぶん引き上げたうえで）一定水準内につなぎとめる仕組みに金融政策を切り替えている。

「黒田バズーカ」でブームを後押し

「黒田バズーカ」と持て囃《はや》された日銀の緩和策とは、人々に「物価が上がりそうだ（＝景気がよくなりそうだ）」という予想や期待を植え付ければ、お金は貯《た》めるより使うほうが得だとばかりに財布のひもが緩み、投資や消費が増えて本当の物価も上がる、という可能性に賭けたものだ。それは、物価が上がれば高成長につながる、という極端な理屈に依拠したものでもある（本来は、成長が高まると物価が上がりやすくなる、と考えられる）。

結果はといえば、日銀は一般の企業や家計を舞い踊らせてお金を使わせることには失敗したが、投資家を扇動してお金を動かすことには成功した。

金融市場では、日銀が大量の国債を買うのをにらみ、金利の低下がぐんぐん進んだ。金利の低下は円安・ドル高に拍車をかけ、株高も加速させた。中央銀行が自ら株や不動産投資信託を買い漁《あさ》った効果もあって資産価格は上昇した。

日銀にあおられた投機マネーは、利回りを追い求めて駆けめぐるようになった。株や投資信託、仮想通貨とともに、受け皿の一つとなったのが不動産市場だ。

住宅ローンなどの指標となる長期金利は、２０１２年末の安倍政権発足時の年０・８％前後から、徐々に低下して15年にはゼロ％台前半に。16年1月のマイナス金利導入決定後、日本の金融史上で初となるマイナス圏に突入し、同年夏にはマイナス０・３％程度まで沈んだ。

その間、住宅ローンや企業向け融資の金利は、過去最低水準の更新を繰り返してほぼゼロ％となった。ただ、融資の金利は常識的にはマイナスにできないうえに、緩和開始前から低水準だったこともあって、金利の低下幅はそれほど大きくない。

一方、カードローンなどの無担保ローンや不動産投資向けのアパートローンは、リスクが大きい分だけ金利は高く、下げる余地が残っていた。

ある不動産業者によると、中古区分マンションへの投資で紹介するローンの金利は、ミニバブルだった06年頃は信販会社で5％近く。13年から一部の銀行が積極的に貸すようになって3％を割り、15年には2％台前半、18年初めには2％ちょうどくらいで案内していた。客や物件によっては1％前後となるローンもあるという。

金利の低下は、借り手の返済負担を軽くし、不動産投資の間口を広くする。当然ながら、同じ金額を同じ返済期間で借り入れても、金利が低ければその分だけ月々の返済額は小さくなる。金利が高いときに比べ、より年収の低い人でも借りられる、あるいは借入額を増やすこともできる――それがここ数年、あちこちで飛び交った不動産業者たちの定番的なセールストークだ。

さらに、日銀の熾烈な金融緩和による影響は、金利の表面的な数字だけでなく、金融機関の貸し出し姿勢を変えることによっても、不動産投資の間口を広げることに貢献した。

金融機関が預かるお金に対する金利（預金金利）は、金融緩和の前からほぼゼロ％で、引き下げ余地はほとんど残されていなかった。一方、金利の低下で貸し出すお金の金利はゼロ％に近づいてくる。この預金と貸し出しの金利差（利ざや）は、金融機関にとって最大の収益源であり、その利ざやが限界近くまで縮むことは銀行などの収益を圧迫することを意味する。

銀行にとって主力の優良企業向け融資や住宅ローンは稼ぐ力を失ったため、多くの銀行は金利がまだ高めの不動産投資ローンや個人向け無担保ローン（カードローン）を増やすことに精力を注いだ。カネ余りで貸出先が見つからない銀行にとって、不動産投資に目覚めた会社員や地主は格好のカモに映ったことだろう。

ある不動産コンサルタントは17年初め、地方銀行や信用金庫、外国銀行などが入り乱れて不動産投資向け融資でしのぎを削っている、と説明したうえで、「以前なら考えられなかった2棟目、3棟目のアパートへの融資がいとも簡単に通るようになった」と、時代の変化を端的に指摘していた。

多くの銀行が不動産投資ローンを拡大させようと目標数値を定め、従来は貸さなかった客層や物件にも対象を広げ、審査の基準を緩めていった。不正な融資を積極的にのみ込んだスルガ銀行はいささか突出したケースだとしても、銀行が前のめりに融資を増やした姿勢に大差はなく、その結果が貸出額の拡大となって数字に表れたのだ。

新築マンションは過去最高値に

投資マネーの流入を反映して、不動産の価値は都心部を中心に大きく上昇した。

２０１７年に全国で発売された新築マンションの平均価格は前年より3・9％増の４７３９万円。１９７３年の調査開始以降で過去最高だった。１平米あたりの単価は6・3％増の69・6万円でやはり過去最高に。平米単価は69・4万円だった90年の記録を塗り替えた（不動産経済研究所「全国マンション市場動向」２０１８年2月）。

日銀が金融緩和を始める前年の12年は、全国平均価格が３８２４万円だった。5年間で24％も値上がりしたことになる。首都圏では４５４０万円（12年）から５９０８万円（17年）に１３６８万円（30％）上昇し、東京都区部に絞ると５２８３万円（12年）から７０８９万円（17年）と、じつに１８０６万円（34％）も値上がりしている。

国税庁が源泉徴収などをもとに調べる給与所得者の平均年収は、17年で４３２万円。5年前の４０８万円（12年）から5・9％増えた（国税庁「民間給与実態統計調査」２０１８年）。サラリーマンの平均年収が24万円増える間に、新築マンション価格は全国平均で９００万円以上、都区部では１８００万円も値上がりし、ふつうのサラリーマンではとても手が出ない高価格帯となった。

不動産価格が上昇した要因は、供給と需要とそれぞれにある。

供給面では、震災復興や東京五輪で公共工事が増え、人手不足で人件費がかさむほかに、建設資材の価格が上昇した影響も大きい。需要面では、金利の低下で物件が買いやすくなったことに加え、円安ドル高で価格が割安に感じられる海外の投資マネーが流入した影響もある。

同様の理由で商業エリアの地価も上昇が続いた。

路線価で33年連続日本一の東京・銀座の文具店「鳩居堂」前は、18年（1月1日基準）で1平米あたり4432万円を記録。バブル期最高値の3650万円（92年）を大幅に超え、過去最高値を更新した。大阪や名古屋の大都市部もホテル需要や再開発を追い風に活況を呈する。地方では低迷する地域もあるが、札幌、仙台、広島、福岡などの都市部は総じて13年前後を境に上昇基調が続く。

賃料相場はほぼ横ばい

しかし、物件価格が上がるわりに、賃料はそれほど上がっていない。

東京都心（5区）のオフィス賃料は2013年末から上昇基調が続くものの、ミニバブルと呼ばれた07〜08年の水準には達していない。空室率が12年の9％前後からぐんぐん低下して1％台（18年末）となり、ミニバブルの水準を大幅に下回っていることを考え合わせると、賃料上昇はかなり緩やかだと考えられる（三鬼商事「最新オフィスビル市況」2019年1月号）。

賃貸住宅のほうはどうだろうか。

18年7〜9月期の東京23区の賃料は、09年1〜3月期と比べると8％近く上昇しているが、東京都下と周辺3県の賃料相場は多くがほぼ横ばい、一部の地域は下落もしている。09年から一時的に下落していた反動で、12年頃からは不動産価格と連動してやや上昇傾向にあるが、それでも上昇幅はわずかに過ぎない（アットホーム・三井住友トラスト基礎研究所「マンション賃料インデックス」2018年12月）。

調査会社タスによると、木造・軽量鉄骨造のアパートでは、首都圏の空室率は15年夏頃からぐんぐん上昇してきた（タス「賃貸住宅市場レポート　首都圏版」2018年12月）。アパートの新築着工戸数が急増した影響が大きいとみられる。

空き部屋が増えることは、賃料を押し下げる力となって効いてくる。建設ラッシュに沸いた地方でも空室率がさらに高まり、賃料の押し下げ圧力も強まることが予想される。

不利な投資タイミング

物件価格が上がり、賃料がほとんど変わらなければ、起きるのは「利回りの低下」だ。たとえば2012年まで800万円で売り買いされていた都心の中古ワンルームマンションの家賃が月に7万円弱、年間の家賃収入が80万円だとすると、表面的な利回りは10％となる。その物件が17年に1100万円に値上がりし、家賃も変わらなければ、利回りは7％台にまで低下する。同じマンションを17年に買った人は、12年以前に買った人と比べると、利回りがかなり低い物件に投資したことになる。

その傾向は、不動産投資物件の情報サイト「健美家《けんびや》」のサイト上でもくっきりと表れている（図表2－3）。

同サイトに登録された区分マンションの平均価格は12年からの5年間で7割超も上昇し、利回りは11・87％から7・43％まで低下した。同様に1棟アパートや1棟マンションも2000万円超値上がりする間に、利回りが2％以上低下している。同じ傾向は北海道から九州・沖縄まで全国で共通している（健美家「収益物件　市場動向　年間レポート　2018

【図表2-3】　投資物件の平均価格と平均利回りの推移

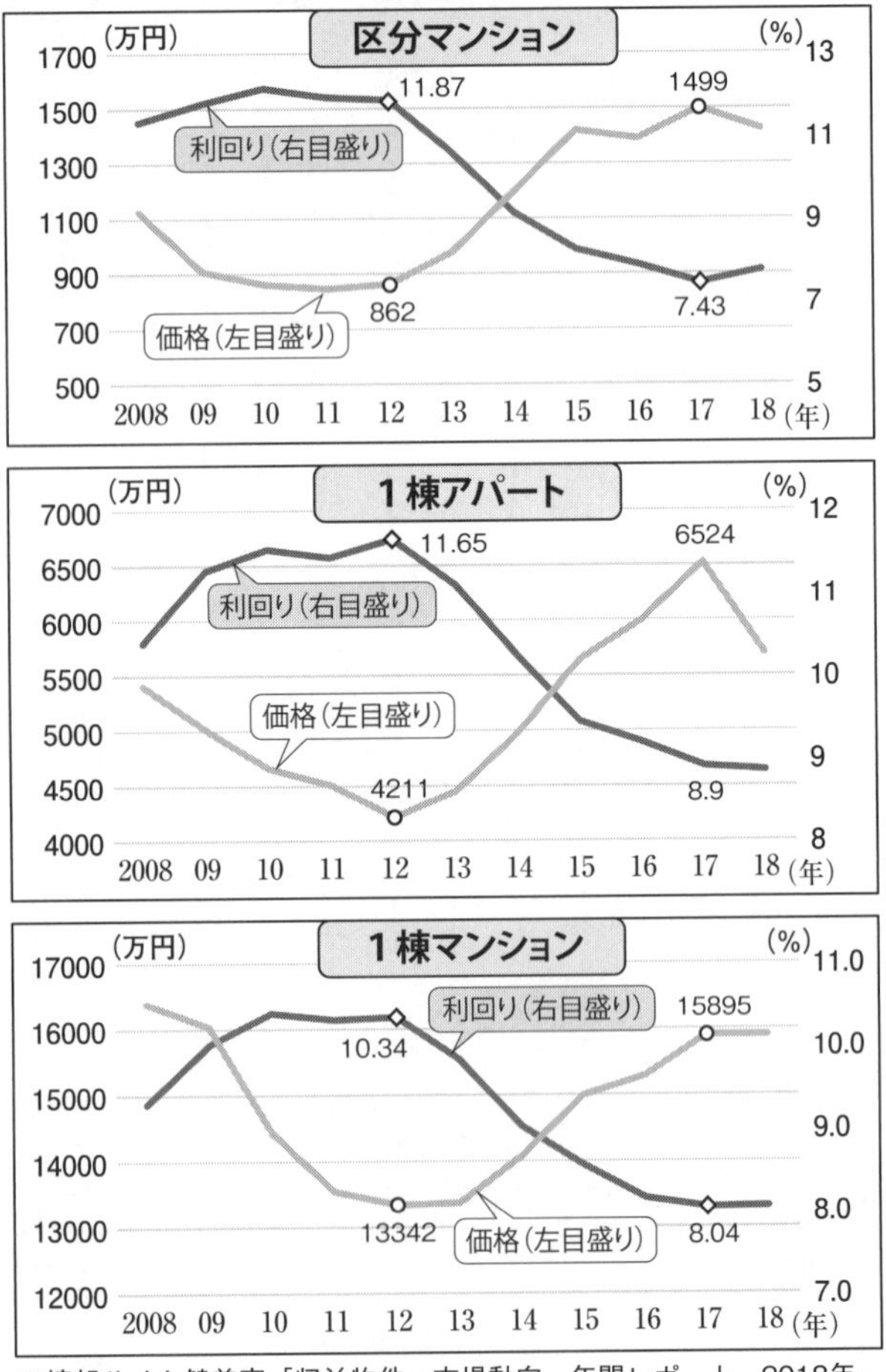

※情報サイト健美家「収益物件　市場動向　年間レポート　2018年」より

年」）。

同じ物件に投資するにしても、いつ、どのくらいの相場で買うかで利回りが決まり、投資の成果を大きく変える。

ここ数年のブームで不動産価格が上昇したことを念頭に置けば、12年に投資した人はそこそこの利回りで物件を買えた可能性があるが、その後は年を追うごとに価格が高くなり、ブームのピーク時にあたる17年に買った人は利回りが最も低い状態で投資をスタートさせたことになる。

おまけに、これは相場どおりの価格で不動産を買った場合の話に過ぎない。

不動産業者のウソに引っかかり、業者が仕入れた価格（＝相場どおりの価格）より3〜4割も高い価格で物件を買ってしまった人も多い。その場合、12年の相場価格と比べて、同じ物件を倍近い値段で買っていた可能性さえある。投資の出発点でここまで大きいハンディを負ってしまうと、支払ったコストや背負ったリスクを挽回して取り戻すのは厳しいだろう。

本当は不利なタイミングなのに、それを隠して多くの人を呼び込んだのが、不動産業者による巧みな勧誘テクニックだった。

具体的な中身を次章で見ていこう。

第3章　「リスク」から目をそらす

ワンルーム1戸でボーナス100万円

「キタ」と呼ばれる大阪市の繁華街。待ち合わせ場所の日本料理店に遅れてやってきたのは、32歳の小柄な男だった。2018年3月のことだ。

ここではO氏としておく。客を引っかけて投資物件を買わせ、仲介料や紹介料を稼ぐ営業マン、もしくはブローカーだ。小さな会社を設立しているが、宅地建物取引業の免許はなく、物件を売りたい不動産業者に客をつなぐまでの仕事だ。家賃が払えなくなって事務所をたたみ、いまはホームページだけの「会社」となっている。

事前に聞いていた話では、裏カジノにはまって多額の借金を背負っている。本業でも客から預かったお金を使い込んだトラブルを発端に、客の預金通帳などを勝手に改ざんして銀行に提出していたことまでバレた。刑事告訴しないことと引き換えに、やぶれかぶれに何でも話してくれる、と客側から紹介された。

O氏は専門学校を出たあと、20歳で大阪のマンション販売会社に就職。投資用の新築ワンルームマンションの電話営業、アポ取り、契約にこぎつけるまでの直談判と、投資物件をつかませるセールスに7年ほど奔走した。

不動産投資の世界で営業マンが稼ぐ報酬は、一にも二にも成果主義。多くの不動産業者は従業員の基本給を低く抑える一方、物件を売るたびに多額の歩合給を与えることで、営業マンの闘争心をかき立てている。

O氏が05年ごろに働き始めたマンション販売会社では、新築のマンションを1戸売るたびに100万円のボーナスがもらえた。最初はほとんど売れなかったが、客を引っかけることに慣れてくると、多い月で10戸近く、1年で70戸を売りさばいた年もあったという。単純計算ならボーナスだけで7000万円を受け取ることになるが、話はそこまで簡単ではない。

預金通帳の偽造を告白する不動産業者O氏
(大阪市内、2018年3月)

100万円のボーナスは、自分で客を見つけ、販売中の物件とつなぎ、契約までひとりでこぎつけた場合にもらえる額だ。実際には、同僚や同じ業界の人間から客を紹介されることもあるので、その場合はボーナスを折半することになる。また、契約にこぎつけるまでの間、物件価格を値引いたり、諸経費の一部をおまけしたりした場合には、その分もボーナスから差し引かれる。

つまり、100万円はいわば営業の「原資」に過ぎない。ひとりで仕事を完結させればまるまる懐《ふところ》に入ってくるが、客をどんどん紹介してもらって儲けを分け合いつつ数をこなす戦略もある。押しの強い客に当たって値引きを迫られたり、あえて値引きをして客を引き寄せたりして、実入りを削ることもある。

O氏はそうして年に3000万円を稼いだこともあったというが、7年ほどしのぎを削ったのち、会社を辞めて独立した。儲けのカラクリがわかるうちに、そのまま働き続けるのがバカらしくなったからだという。

販売促進で500万円上乗せ

O氏が扱った物件は、大阪、神戸、京都あたりで駅から徒歩10分以内、広さ20平米台の新築ワンルームマンションだ。

たとえば物件価格1800万円の場合、デベロッパーと呼ばれる事業主の取り分は1300万円程度。残る500万円前後は、客をつかまえる中間業者に働いてもらうための販売促進費として上乗せされているという。さらにO氏が勤めた販売会社の場合は、500万円のうち100万円が担当者にボーナスとして分配されていた、ということになる。

販売会社は客の信用を得るためにもオシャレなオフィスを駅前などの一等地に構え、契約を交わすのに必要な宅地建物取引士の資格者も抱える。相応の経費をかけ、実績も積んで初めて、事業主から物件を卸してもらったり、銀行の融資がつけやすくなったりする提携関係を築ける強みもあるだろう。

とはいえ、仕事のノウハウが身についてくると、独立への誘惑が芽生えてくることは珍しくない。自分でぜんぶこなしてしまえば、儲けの取り分は大きくなるからだ。

O氏が会社を辞めてフリーとなったのは2013年ごろ。不動産業界は人の出入りが激しいことでも知られる。先に会社を辞めた仲間たちから物件を紹介してもらい、自分は客を見つけて契約にこぎつける役割に徹することにした。

その結果、1回の取引で得られる分け前は一気に増えた。客を見つけて契約が成立すると、人気のワンルームで300万円、便が悪くて売るのも難しい物件なら500万円もらえることもあったという。

ターゲットは、販売会社で働く間につかまえた客たちだ。複数のワンルームを買わせた会社員や医師の名簿をもとに、「お久しぶりです～」「いい物件が出てきそうです～」と調子よく電話をかけまくった。

客が興味を示せば、「どれだけ融資を引っ張れるか、先に審査だけしときましょう」と言いくるめて、源泉徴収票などの書類を受け取っておく。それらを銀行の仮審査にかけて融資できそうな金額を教えてもらい、それに見合う価格の物件を当て込む。

すでに不動産投資をやっている客は、警戒心が薄く、物件をこまかく吟味せず、判断がおざなりになりやすいため、効率よく契約を取れる。

ただ、手持ちの資金は乏しい。最初の投資で貯金の多くを使ってしまっているからだ。マイホームを買うときと同じように、投資不動産を買うためにローンを組む場合も、物件価格の一部や諸経費は自己資金でまかなうことを求められるケースが多い。手持ちの資金がなければ、本来は銀行の融資を引き出すのは難しい。

そんな客たちへのO氏の決めゼリフは、「自己資金ゼロでもイケますから」だ。

「フルローン」と「オーバーローン」の違い

自己資金を使わないということは、不動産購入に必要なお金をすべて金融機関からの借金でまかなうことを意味する。

不動産を買うために必要なお金は、不動産広告に表示される「物件価格」と、それ以外に発生する「諸経費」に分かれる。諸経費には、不動産業者に払う仲介手数料、不動産登記にかかる税金や司法書士の手数料などが含まれ、銀行でお金を借りる場合はその手数料も発生する。

たとえば1800万円の新築ワンルームを銀行ローンも利用しながら買おうとすれば、200万円程度の諸経費が別に請求されることが多い。

よくあるパターンでは、自己資金として400万円程度を用意し、物件価格のうち200万円を頭金として払い、諸経費も自分で負担したうえで、残る1600万円を銀行から借り入れる。これだと物件価格の9割弱を銀行からの借金でまかなう形になる。

銀行から1800万円を借りられるとすれば、あとは諸経費の200万円程度を自己資金として用意すればいい。物件価格の100%を銀行からの借金でまかなう「フルローン」状態だ。これなら「頭金ゼロ」とは言えるが、まだ「自己資金ゼロ」とはなっていない。

「自己資金ゼロ」を実現するためには、物件価格よりもさらに多い2000万円を銀行から借り入れる必要がある。諸経費も含むすべての費用を借金でまかなう「自己資金ゼロ」で、これは「オーバーローン」と呼ばれる状態だ。

市場価値が急に下がった場合なども含め、借金の額が物件の市場価値を超えている状態を指して「オーバーローン」と呼ぶこともあるが、いずれにしても投資を始める時点で、借金額が物件の売買価格を上回っていることに変わりはない。

銀行はお金を貸すのと引き換えに物件を担保として押さえ、借り手がお金を返せなくなった場合には物件を処分して残る借金の相殺《そうさい》を図る。担保となる不動産の価値を大きく上回る金額を貸すことは、銀行が過大なリスクを背負うことにつながる。本来はめったにないことだが、業者は銀行の目を欺いてオーバーローンを実現させる。

銀行を欺く三つの方法

「自己資金ゼロ」で物件を買わせる手口は、おもに三つある。

一つは、ローンを組む銀行にはナイショで、別の金融機関から無担保でお金を借りさせることだ。

たとえば銀行からは物件価格の１００％の融資か、それに近い額を引き出しつつ、諸経費などの不足分を別の信販会社や銀行の無担保ローンで借りさせる。無担保の借金は金利が高く、借り入れを増やせばリスクも大きくなるため、当然、不動産向けローンを組む銀行は認めない。そこで、銀行には「自己資金がたくさんある」とウソをつき、こっそりと借りさせる。

ただ、金利の高い借金を抱えれば、返済の負担が重くなり、月々の収支も悪くなる。いくらか賢明な客なら、敬遠して買うのをやめてしまうだろう。

二つ目の手口は、不動産業者側の利益の一部を客に回してあげることだ。

たとえば新築ワンルーム1室の客付けで400万円の紹介料がもらえる場合、その半分の200万円相当を客の諸経費にあて、物件価格はすべて銀行からの融資でまかなえれば、客の自己資金はゼロの状態で契約に持ち込むことができる。

これなら客にとっては抵抗がないが、売る側にすれば、200万円を客にプレゼントするようなもの。払わずに済めば、それだけ自分の儲けが増えるので、強欲な営業マンなら、なるべく避けたい、と考える。

そこで三つ目の手口が浮かび上がる。銀行にあえて高額の物件価格を伝え、本来の物件価格を上回る融資額を引き出すという「二重契約」スキームだ。

たとえば1800万円で売り出している新築ワンルームで、手持ち資金のない客を見つけたら、物件価格を2200万円とするウソの売買契約書を作成し、融資の申込書とともに銀行に提出する。融資額は物件価格の9割の2000万円弱とし、残る200万円強は客が頭金として負担し、200万円相当の諸経費も客が自分で払うと申告する。

実際にはぜんぶウソっぱちである。

本当の価格は1800万円なので、2000万円の融資を引き出せれば、借りたお金で物件価格と200万円程度の諸経費をぜんぶまかなうオーバーローン＝自己資金ゼロが実現する。

ウソの申告を行い、ウソの契約書までつくって多額の融資を引き出すのは、詐欺などの罪に問われるおそれもある犯罪同然の行為だ。途中でバレて、即時返済を迫られても、文句は言えないだろう。

それにもかかわらず、「二重契約」の手口は、投資不動産を売り買いする現場では当たり前のように横行している。客に罪悪感を抱かせないように、業者が巧みに誘導しているからだ。

「お値引き」という響き

常套句の一つは、「お値引き」である。

実際には1800万円で売り買いすることに合意しているものの、いったん2200万円という水増し価格で契約書を交わしたあとに、400万円分を「お値引き」する形とする。「値引きすることは、よくあることだから」。そんなセリフで丸め込んでいく。

客にしてみれば、わざわざ高い価格の契約書を作成し、本当にその値段で買わされてはたまらない。客を安心させるためにも、業者は値引きの「合意書」や「覚書」を交わす。「400万円値下げする」などと業者が約束する内容だ。銀行に提出する契約書がウソである何よりの証拠だが、「お値引き」という言葉には、どこか不正の意識を薄め、罪悪感も打ち消す効果があるらしい。

続けて「みんながやっていることですから」とたたみかけると、易々と受け入れる客は意外に多いという。

月々の収入と銀行への返済額に目を奪われて、物件価格を操作することは気にも留めない。そうして業者の誘いにのっかると、あとで問題が起きたときになって罪悪感にさいなまれることになる。

O氏が売った新築ワンルーム物件でも、「分譲価格1710万円」と宣伝されていたものが、銀行に提出された「売買契約書」では1910万円に水増しされていた。そんなケースが無数にある。諸経費は「サービスしますよ」と言ってあえて受け取らないことが多かったが、それだけ多くの利益が価格に上乗せされていることに客は気づくべきだった。

不動産投資のネット広告や情報サイトには、「自己資金ゼロ」を持ち上げて「他人のお金が収益を生んでくれる!」というセリフもよく見かける。まるで「借金をして投資する」ことが「自分の懐を痛めることなくお金を殖やせる」という錯覚を与えるものだ。

実際には、多額の借金を組まされ、その返済は、受け取れるかどうかが不確かな家賃収入が頼みの綱となる。家賃が想定を下回るリスクは、業者でも銀行でもなく、借りた客がぜんぶ引き受けるのだが、そうした構図を気にもかけずに「自己資金ゼロ」の誘惑にひっかかる客は多い。

業者もまた、ウソの契約書で多額の融資を引き出すことのうまみを覚えると、不正は尽きることなく広がっていく。売りさばく対象は、金額の大きいものに移っていく。そのほうが大きな利益を一気に稼げるからだ。

築30年超でも4000万円ボロ儲け

大阪市東住吉区。南へ延びる地下鉄谷町線の駅からほど近い場所に、問題のマンションは立っていた。

築年数は30年超。6畳一間のワンルームが三十数室ある中規模マンションだが、1階の店舗はシャッターが閉ざされて久しく、郵便受けは朽ち果てていた。オートロックはない。中に足を踏み入れると、廊下の天井から電気の配線がむき出しになって垂れ落ちるなど、不気味さを醸している。

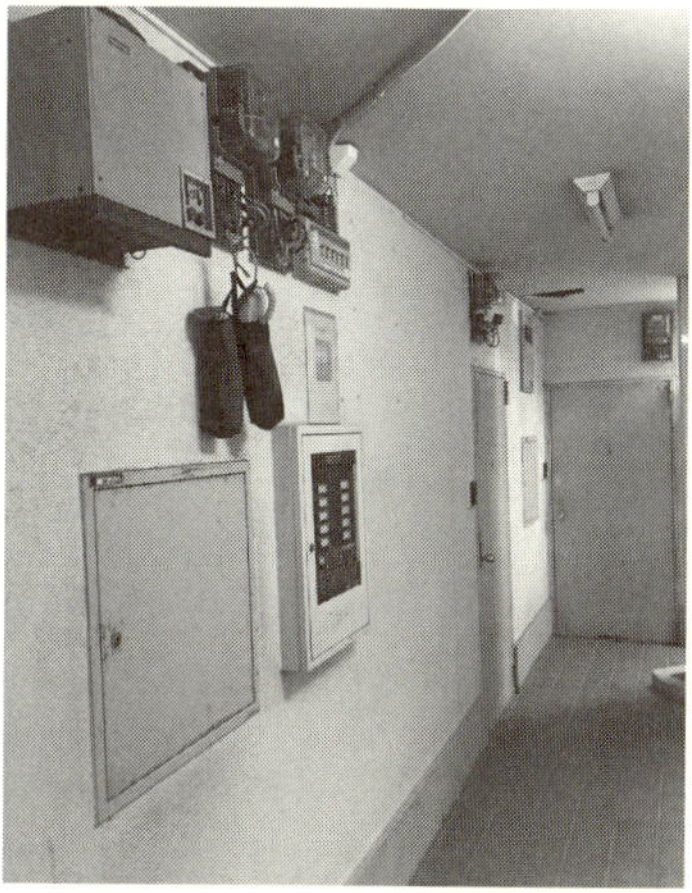
配線がむき出しの大阪市の築古マンション

この物件はO氏の勧誘に引っかかった30代後半の医師、寺島さん（仮名）が2015年秋に購入したものだ。

価格は1億9500万円。融資を受けるためにスルガ銀行に提出した物件の売買契約書では、売買代金は2億1700万円につり上げられた。土地代が9895万円、建物代が1億1804万円。ボロボロにしか見えない建物の代金が、無理に水増しされていたことがわかる。

この契約書をもとに銀行からは1億9500万円の融資を引き出す一方、残る2200万円は客が払うと申告しつつ、実際には払われなかった。契約書に書いた価格は、より多くのお金を銀行から引き出すための方便に過ぎないからだ。

契約書に記された物件の売り主は、O氏の元同僚が社長を務める不動産業者のM社（大阪市）となっている。

物件の所有者は別にいて、そこから業者が1億円台前半か半ばで買い入れる約束を取りつけていたものだ。何社の業者が間に入ったかはわからないが、経費をのぞく4000万円前後がO氏やM社を含む業者たちで分配されたとみられる。

入居者募集の情報サイトを見てみると、1室あたりの家賃は2万円台。ユニットバスつきのワンルームだが、半数近くが空いているようだ。

家賃収入を単純計算すれば、満室になったとしても月に100万円強、年間1200万円ほどで、諸経費を考慮しない表面利回り（想定満室家賃÷物件価格）は年6%にしかならない。実際の利回りはもっと低く、銀行の返済を相殺すると月々の収支は赤字になり、改善する見込みもない。返済が30年も続くかと思うと、恐ろしい事態だ。

これだけ古く、管理状態も悪い物件なら、表面利回りはどんなに低くても10％は欲しいところだ。10％なら1億2000万円となる。このあたりがまともな価格の上限だったのではないだろうか。

医科大の卒業者名簿で営業電話

割高な物件をつかまされた寺島さんは、O氏の10年来の「カモ」だった。

「節税メリットがあります」「保険代わりにもなりますよ」「先輩の先生もやってますから」

O氏がまだ大手マンション販売会社で働きながら、医科大学の卒業者名簿をもとに営業電話をかけまくっていたときに引っかけたのが、医師になってまだ間もない寺島さんだった。

「先生の年収なら、あと1室買えば所得税を20万円は取り戻せますよ」

いい加減な数字と営業トークで誘導し、数年のうちに新築ワンルームを五つも売りつけた。実際に戻ってきた所得税の還付金はO氏が言うほど多くなく、それ以上に赤字は大きかったため、電話が来れば愚痴ばかりこぼれたが、確定申告の手続きをO氏に任せていた関係もあって、付き合いは何となく続いていた。

O氏が独立し、中古1棟マンションを扱うようになり、ふと浮かんだのが寺島さんの顔だ。寺島さんは30代になって年収は800万円台になっていたが、借金はまだ1億円近くが積み上がっていた。O氏は軽い口調で振り返る。

「借金でぱんぱんやったから、さすがにもうムリやろって思ったけど、販売会社の元同僚から『スルガ銀行が医師ならカネを貸せると言っている』と聞いて、試してみようと思ったんです。若い頃に買ってくれたお客さんやから、喰《く》いモノにしようとか、どうにでもなれとか、そういう気持ちはなかったですけどねぇ、へへへ」

寺島さんは久しぶりにO氏から連絡を受け、問題の中古1棟マンションを勧められる。O氏の言うことは信用できない、との思いはあったのに、新たに示された物件が「毎月20万円、いいときで30万円のプラス収入がある」と聞かされて興味をひかれた。空室は「M社が家賃の8割を保証する」と言われたことにも背中を押され、買うことを決めたという。

2018年3月、私が寺島さんに会って話を聴くと、驚くことに、物件価格がいくらだったか、利回りが何%だったのかと尋ねても、寺島さんは思い出せずに答えられなかった。

寺島さんは、こう説明した。

「はっきりと覚えているのは、現状の家賃収入から銀行への返済額を引いた金額だけ。物件価格をよく覚えていないのは、私が毎月の収支しか気にしていなかったからですね。数字の意味はよく確かめず、仕事が忙しいのにかまけて、物件を見に行くこともしなかった。そうした点は反省しています」

O氏の説明がウソだらけだと気づいたのは、売買手続きを済ませ、所有権が自分に移ってしばらくしてからのことだ。「ほぼ満室」と聞かされていた物件は、実際には空室だらけだった。購入後に受け取った運用実績に目を通すうちに、だんだんわかってきた。修繕費にあてるという名目で1000万円のフリーローンをスルガ銀で組まされたが、お金はO氏が使い込んでいた。O氏が源泉徴収票や預金通帳を偽造していたことも、O氏の被害にあった他の客から教えられて判明した。

「毎月20万～30万円のプラス」と言われたことも、口からでまかせだった。M社の家賃保証は2年ほどで途切れ、その後は家賃収入から銀行への返済額と管理手数料を差し引いた収支が月に約20万円の赤字になっているという。これでは800万円の年収があっても、いつまで持ちこたえられるかはわからない。妻と幼い子どもふたりとともに暮らすが、怖くて妻には話せずにいるという。

要は、ボロボロで買い手もつきにくいマンションを、相場より5000万円以上も高く買ってしまったのだ。払わずに済むと考えた自己資金も、2年ほど受け取った数百万円分の家賃保証金も、結局は自分が余計に払った価格の中に含まれていたに過ぎない。

つり上げた物件価格をもとに銀行から多額のお金を借り入れたツケは、いつ行き詰まってもおかしくないリスクとともに、ぜんぶ客に回ってくる。

仲介手数料のルールは無視

今までにマイホームの中古物件を購入したか、購入を検討した経験のある人なら、おや、と思うかもしれない。

一般的な中古の不動産物件の売買では、不動産業者は買い手と売り手との間に仲介業者として入り、仲介手数料を徴収する。マイホーム購入の参考書にもそう書かれている。

仲介手数料は「物件価格×3%+6万円」というのが上限だと、国土交通省の告示によって定められている。1000万円の物件なら36万円、1億円なら306万円が仲介手数料の上限となる。仲介手数料を値引く業者もいるが、煩雑な手続きの「手間賃」として上限の手数料を求められるのが一般的だ。

仲介手数料は、買い手にも売り手にも請求できる。別々の不動産業者がそれぞれ売り手と買い手の仲介役となり、それぞれの客から仲介手数料をもらうパターンが多いが、なかには1社で買い手も売り手も見つけて双方から仲介手数料を受け取る、「両手」と呼ばれる取引もある（通常の取引は「片手」と呼ばれる）。両手の取引だと業者の取り分は倍にできるが、一方の客から受け取る仲介手数料に上限があるのは変わらない。これはマイホームでも投資物件でも同じだ。

ところが、本書で取り上げる不動産投資の事例では、多くの不動産業者が「家賃保証」と引き換えに、物件価格（仕入れ値）の2〜4割もの利益を買い手となる顧客から巻き上げている。複数の業者が介在しているとはいえ、1社あたり1〜3割程度（10〜30％程度）を手数料代わりに徴収している形だ。

顧客が払わされる手数料は、1億円の物件一つにつき数千万円単位にもなるので、多くの業者は「仲介手数料はサービスしますよ」などと調子のいいことを言うが、別に仲介手数料も徴収するという強欲な業者もめずらしくない。

無知な顧客から凄《すさ》まじい暴利を貪ることを許しているのが、不動産価格をつり上げて転皮肉なものだ。

売しやすくする「三為契約《さんためけいやく》」だ。言葉の由来は「第三者のためにする契約」だというから

ピンハネしやすい三為契約とは

詳しく見ていこう。

安く仕入れた不動産物件を高く売ること自体は、不動産業者の本分だろう。仕入れた物件に手間を加えて価値を高める場合もあるだろう。

転売とは本来、もとの持ち主から実際に買い入れ、所有権を一度は自分のものにしたうえで、次の買い手に売る行為を指す。不動産の場合は、登記の移転手続きなどで相応の費用と手間もかかる。

ところが、昨今、不動産市場を席巻する「三為業者」による転売行為は、売り主と買い手を見つけ、ただ価格をつり上げて物件を横流しするという荒っぽい仲介行為だ。

具体的には、業者は物件の売り手とは「三為契約」を交わす。これは、業者が第三者に転売することを前提に、所有権は売り主から第三者である別の買い主に直接移転する「特約」をつけたうえで、業者と買い主の間で物件売買契約を結ぶものだ。

実際の売買、つまりお金の支払いや所有権移転までには、一定の期間をつくり、業者はその期間内にカモとなる客を見つけるのだ。約束の期限までに売買ができなかった場合には、物件価格の1～2割を違約金として払う取り決めを設けることが多い。

たとえば地方のオンボロの1棟マンションについて、三為業者が所有者との間で、3カ月後までに1億円で買い付ける契約を結び、所有権は第三者に直接移転する特約を盛り込む。約束どおりに売買できない場合には1500万円の違約金を払うこととする。業者が買えなくなった場合だけでなく、売り主が売るのをやめるような場合には売り主のほうに違約金が発生する。

物件を見つけ、所有者と三為契約を結ぶ「仕入れ」に成功した業者は、3カ月以内に契約までこぎつけられる客を探す。銀行の融資を引き出すノウハウを持ち、集客力もある業者に話を持ち込み、客をひもづけてもらう場合が多い。

客に売るときの売買契約も、三為契約となっている。価格を1・5億円につり上げたうえで、ここでは間に入る三為業者のいずれかが「売り主」となる。契約書にはやはり「特約」の記載があるはずで、所有権は別の第三者から買い主に直接移転するものとし、万一にも売ることができなければ違約金を払うと約束する内容だ。

こんな複雑な手法が横行するのはなぜなのか。

三為契約が業者にとって好都合なのは、おおもとの所有者から物件を買い取る値段（＝仕入れ価格）が、カモとなる最終的な買い手には知られずに済むことだ。

「1億5000万円」で投資を勧められた物件が、その裏でじつは1億円で買い付ける約束が交わされていて、5000万円もピンハネされようとしていることを知れば、さすがにカモとなる客も手を出そうとは思わないだろう。

しかし、三為契約によって元値が1億円であることとさえ隠してしまえば、客をダマすのは難しくない。「家賃保証」「自己資金ゼロ」「高利回り」など、ウソでも客をおびき出すカードはいくらでもある。それで引っかかってしまう客がたくさんいることも、三為業者が跋扈《ばっこ》する理由の一つだ。

ボロ物件も奪い合いの「スルガ・バブル」

「私どもは収益不動産の購入・買い増しのサポートをする『専門チーム』でございます。弊社で一棟収益不動産の購入を希望しているお客様約2，000名のフォローを日々しております」

1通のメールが大阪市の不動産業者に届いたのは、2015年6月のこと。発信元はスルガ銀行東京支店の行員だった。直前に初めて営業電話をかけてきて、関西の売り物件を教えてほしい、と求めてきたという。

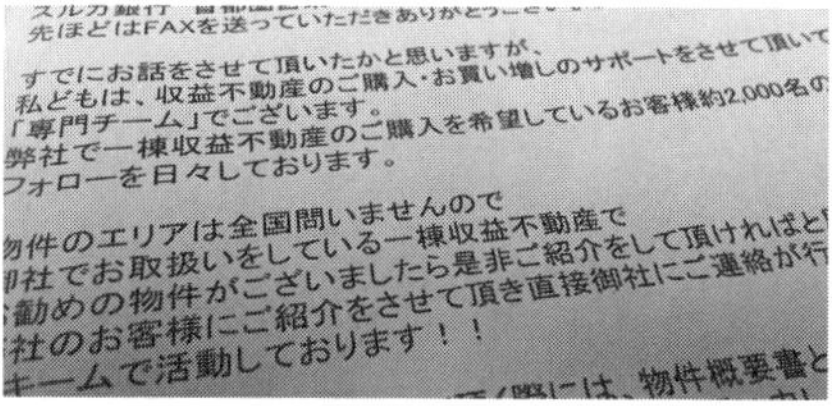

スルガ銀行が不動産業者に送った営業メール

この頃、スルガ銀が注力したのは、売り物となる地方の中古1棟マンションを銀行が自ら開拓することだ。東京・日本橋のたもとにある東京支店では、地方の業者への営業電話に加え、行員を地方都市のホテルに長期滞在させ、物件を回してくれる業者を探すことまでさせていた。行員が売り物件を持つ業者を見つけると、客を抱える東京の業者と引き合わせ、前出の「三為スキーム」へと組み込んでいく。スルガ銀の目的は不動産向けの融資を拡大することだ。

ここ数年、中古1棟マンションが高騰した相場をつくったのは、スルガ銀だったと言っても過言ではない。

同行が不動産投資ローンやカードローンの拡大にカジを切ったのは13年ごろ。日本銀行が異次元の金融緩和を推し進め、金利が一段と低下し、地道な住宅ローンでは稼ぎにくくなったことが背景にある。

会社員らによる新築ワンルームへの投資熱が高まり、ブームの様相を見せていたが、多くの地方銀行や信用金庫、流通系の銀行や信販会社までもが不動産投資向け融資を拡大させることにのめり込んだ。競合する金融機関が増えると、金利が高めのスルガ銀は劣勢に追いやられる。

そこでスルガ銀が目をつけたのが、中古1棟マンションやシェアハウスなどの高額物件だった。

物件価格が高額になれば、融資の拡大は一気に進む。すでに不動産投資で借金を抱え、年収もさして高くない会社員に、億単位のお金をじゃぶじゃぶと貸しこむ金融機関はさすがに少ない。物件の市場価格をろくに調べないのもスルガ銀の特徴で、金利が高くても競合する銀行がいない〝独占市場〟だったのだ。

高額物件を扱って得するのは業者も同じ。利益は一気に稼げる。売り主となる業者のなかには、物件価格を「売り上げ」に計上して決算をよく見せることもある。銀行から融資を受けたり上場をもくろんだりする業者にとってもメリットは大きい。

早くから中古1棟マンションの三為取引を手がけた不動産会社の元幹部は、こう話す。

「スルガ銀の融資審査も、昔はふつうの銀行と変わらなかったよ。それがだんだん手間を省くようになっていって、審査がユルユルになったんだ。融資対象のエリアも前は都市部しか認めなかったのに、だんだんと郊外へ、そして田舎にも広がっていった」

北海道や栃木、群馬、富山、兵庫、鹿児島……地方のある地域がスルガ銀で融資対象エリアとして認められるようになると、その情報が一部で漏れ伝わり、東京の三為業者の仕入れ役がこぞって出張っていく。田舎で交通の便が悪く、管理状態がひどい物件でも、融資さえつくならと、奪い合うように三為契約の買い付けが入り、値段も沸騰した。そうして「スルガ・バブル」とも言える相場が、いびつな形で市場を過熱させたのだ。

前出の元幹部はこう続ける。

「ブームの初期は利回りが10%を超える物件を売ることもあった。金利が高くても得する客は確かにいたんです。でも、15年以降は異常な相場が形成され、価格が高くなりすぎた。普段なら誰も買わないクソ物件でも、みんな必死に奪い合ったんだから、正気の沙汰とは思えない。ま、業者はみんな丸儲け。つかまされた客は惨憺《さんたん》たるものでしょう」

〝クソ物件〟の転売で数千万円の利益を手にできる。甘い汁を吸ううちに、業者の不正は契約書の偽造だけでは済まなくなった。

第4章　「不正」には気づかせない

「エビデンスをつくる」

東京・渋谷駅に直結するオフィスビル「渋谷マークシティ」。その14階に位置するスルガ銀行渋谷支店に、返済が厳しくなった30代の中村さん（仮名）が返済猶予を求めて相談に出向くと、年下の男性行員がしたり顔で口火を切った。

「あなたが我々に提出した預金通帳には、3000万円の残高が記載されていますよ。これ、あなたが提出したものでしょ。これで稟議《りんぎ》も通したんですから。それだけお金があるんだから、すぐに破産するなんてことはないでしょー」

中村さんはスルガ銀からのオーバーローンで、1億数千万円のシェアハウスを自己資金ゼロで買っていた。第1章に登場した生保の営業マンだ。

自分の貯蓄や年収を示す資料は業者に渡し、融資の手続きは一任していた。スルガ銀の行員とは融資契約の日に初めて会ったが、その場で貯蓄や年収を確認するようなやり取りはなかった。

「業者に渡した銀行通帳は、預金残高が数十万円のものだった。実際に業者が銀行に提出した通帳の写しまでは見ていませんよ」

中村さんがそう言うと、行員は急に態度を翻し、今度はすり寄るように言ってきた。

「えっ、すっかりだまされましたね。やられましたよ。私たちは〝被害者〟です」

芝居がかった言い方に思えたが、行員のセリフもまたデタラメだったと明らかになるのは、だいぶ時間が過ぎてからのこと。2018年初めのこのときはまだ、同じような光景がスルガ銀のあちこちの支店で繰り広げられていた。

中村さんには思い当たるフシがあった。

銀行の融資を受けられるかどうかの審査に向けて提出書類を用意するときに、業者の担当者から「ネット銀行で預金口座を開いてもらえないか」と頼まれたのだ。ワケを聞くと、「エビデンス（証拠）をつくるから」と返ってきた。そこでまた「なんで？」と聞くと、「預金が多いように作り替えるから」と明かされたという。

自身も保険の営業に携わる中村さんの頭には、私文書偽造や詐欺という罪名が浮かんだ。

「不正はダメですよ。正しい預貯金額を見てもらい、悪いことをしないで融資してもらえるなら投資するけど、それでダメなら投資はしない」

中村さんはそう言い、預金残高が数十万円の預金通帳を担当者に預けた。いま思えば、そこで投資そのものをやめるべきだったが、後悔しても先に立たない。業者は中村さんにはナイショで紙の通帳コピーを偽造し、預金額を水増しして銀行に提出していたのだ。

ダメだと言ったのに、なぜ通帳の改ざんに及んだのか。冒頭のスルガ銀との面談後、中村さんが業者に電話で問いただすと、担当者は改ざんした事実は認めつつも、「あなたは知らないほうがいい」「スルガ銀もわかってますから」と意味深な言葉を返してきた。

怒り心頭で弁護士に相談すると、こう諌《いさ》められた。

「通帳が改ざんされるのをあなたが知らなかったと証明するのは難しい。融資を申し込み、お金を借りたのはあなた自身。あなたが銀行をダマして融資を引き出したと言われても、違うと証明するのもまた大変ですよ」

貯金がないならつくっちゃえ

ネットバンキング画面や通帳コピーを偽造してまで貯蓄を水増しする不正は、なぜ必要だったのか。

中村さんは業者から「自己資金ゼロで投資できる」と誘われ、実際に自己資金は1円も出さなかった。そのカラクリは前章で紹介したように、物件価格を水増しする不正によって成り立っている。

投資した物件は20室超（1室7平米程度）とやや大型のシェアハウスで、東京都東部の駅から徒歩10分あまりの距離にある。

販売価格は1億数千万円だったが、スルガ銀行に提出した契約書では、土地代と建物代の合計額が2億円超と水増しされていた。

業者からは「土地代から約2000万円を値引きして、それ以外にはお金はもらわない」と説明された。実際に業者との間で交わした「覚書」には、土地代の値引きに加え、諸経費や物件の引き渡しまでの利息も業者が負担する、と書かれてある。業者に「よくあることですから」と言われ、それが事実上の「二重価格」にあたり、銀行との融資契約に反する行為になるとまでは思い至らなかった。

わざわざ二重契約とするのは、スルガ銀が表向きはフルローンやオーバーローンを認めておらず、融資額の上限は物件価格の90%とする決まりがあったからだ。多くの業者はこの決まりに沿ってフルローンやオーバーローンに必要な融資額を逆算し、物件価格を水増しした契約書を偽造していたのだ。

中村さんの契約書類には、銀行から2億円前後の融資を受けたうえで、中村さんが諸経費を含めて約3000万円の自己資金を業者側に払うことも記されている。

融資の可否を判断する銀行の審査部門では、顧客の勤め先や年収といった属性とともに、自己資金を払うのに十分な貯蓄を持っていることを預金通帳などで示すことも求められる。ここで証拠となる書類が「エビデンス」と呼ばれるものだ。自己資金が3000万円の計画なら、それを余裕で払えるだけの預金残高のある銀行通帳などが必要になる。

しかし、3000万円以上の預金を持つ会社員が、この世の中にごろごろいるはずもない。銀行員も承知のはずだが、それでも3000万円以上の預金通帳を出せ、と言ってくる。それならつくっちゃえ、というわけだ。

これにはすこし伏線がある。

銀行に物件価格を高く申告して多額の融資を引き出し、自己資金を割り引く不正は、新築ワンルームの投資でも横行していた。ただし、物件価格が2000万円程度のワンルームの場合、頭金は200万程度、必要になる自己資金は諸経費を含めても数百万円となる。その際、銀行は自己資金が確かに払われることを、業者が発行する領収書や、銀行口座にお金が振り込まれた記録などで確認していた。業者としては、架空の領収書を発行したり、ATMから客の名前で「見せ金」を振り込んだりすれば、銀行の審査をかいくぐれる。

ところが、投資対象が中古1棟マンションやシェアハウスなどの高額物件に広がったことで、必要となる自己資金が1000万円単位に跳ね上がった。多くの銀行は預金通帳などで、貯蓄額の確認を事前に求めてくるようになった。それまで領収証を偽造していた業者は、甘い汁を吸い続けるには、預金通帳の残高欄を水増しする必要に迫られた、というわけだ。

手口はグーグルと銀行員に教わった

従業員数人で居住用の中古マンションを扱う平凡な仲介業者を都内で営んでいたG氏が、投資用の中古1棟マンション販売に身を投じたのは、客が口にしたひと言がきっかけだ。

「スルガ・スキームを使ったら、自己資金なしで投資物件が買えた」

初めて聞くその言葉を、グーグル検索してみた。すると、投資経験者や業界関係者が書き込んだ情報が続々と出てくる。スルガ銀行で物件価格を水増しすれば、億単位の高額物件を自己資金ゼロで買える――。これは面白い。ひざを打ち、すぐに動き始めた。2014年の終わりのことだ。

まずは有名なサラリーマン大家のメルマガを購読し、同業者のセミナーにも潜り込んで情報を集めた。

次に物件探し。自分で売り物件を見つけるのは手間がかかるので、不動産の流通情報サイトで売り物件を持つ業者を探し、見よう見まねで営業電話をかけた。そうして全国各地の業者から、1日に100件程度の情報を集め、よさそうな物件を絞り込んで客も探す。客を紹介してくれる業者もすぐに見つかった。売り物件と客を抱える業者の間を取り持つと、物件を右から左に流しただけで、100万~200万円の上前を手にできた。これで典型的な三為業者の仲間入りだ。

やがて客の勧誘にも乗り出した。ワンルーム投資の経験がある会社員や医師らの名簿を手に入れては、手分けして営業電話をかけまくった。そうして自ら客をつかまえた15年の春、初めてスルガ銀に融資案件を持ち込んだ。物件を仕入れた業者から指定された支店だった。ところが――。

「このままだと審査は通らないですね」

対応した行員にそう言われて、断られるのかと思ったら、違った。融資の上限は物件価格の9割までで、残る1割と諸経費を余裕で払えるだけの貯蓄があることを預金通帳などで示す必要がある。行員はそう諭しつつ、客がほかにも借金を抱え、貯蓄が乏しいことも承知のうえで、数千万円単位の預金通帳の写しを持ってくるよう促してきた。

「行員から審査の内情を教わって、あとは指示どおりにやるだけ。書類を改ざんするしか前に進む方法はない。手取り足取り、スルガ銀にご指導いただいたと思ってますよ」

はじめはパソコンの編集ソフトを使い、スキャンした預金通帳の画像から数字を切り貼りしてつくってみた。しかし、初めてだとうまくいかない。数字や桁を間違え、行員から「ダメですねー。また間違ってますよー」とにこやかに突き返されたこともあった。

偽造作業に苦労していると、別の行員がある社名を教えてくれた。

その会社は、通帳コピーの偽造をお金で請け負う会社だった！

1口座10万円で偽造を「発注」

客を見つけてくるのは簡単だった。G氏はそうも振り返った。

「副業や投資に興味のある人がこんなに多いのかと驚くくらいでした。将来が不安で、何かやらないといけないっていう気持ちが強いから、客のほうが積極的なんですよ。『自己資金なしで買える』とわかると、飛びつく人が多いですから」

暑い季節でもG氏は、明るい色調のスーツをまとい、のりをきかせた白シャツにネクタイも締めて現れた。髪もきれいに整え、テレビCMにでも出てきそうなさわやかな面立ちだ。実際に自身の営業トークを宣伝動画にしてネット上で流すこともある。
電話営業のターゲットはワンルーム投資の経験がある人で、多くはすでに借金を抱え、貯蓄が少ないことが多い。そのため、スルガ銀行で融資を受ける客は、ほぼ全員のエビデンスを改ざんした。そもそも改ざんの必要のない優良客なら、金利の低い銀行でお金を借りられる。普通の銀行ではまともにお金を借りられない客だからこそ、金利が高めでも改ざんがオッケーのスルガ銀に客を回すのだ。
販売実績が伸びるうちに、客からホンモノの預金通帳を取り寄せる手間さえ省くようになった。銀行名と口座番号だけを教えてもらい、偽造業者に必要とする預金残高とともに情報を伝えると、数日でニセモノのネットバンキング画面を用意してもらえた。お値段は1口座10万円だ。
G氏の会社の従業員のLINEには、「発注」の記録がこう残されていた。
〈2017年10月27日　お世話になっています。新規エビデンス作成お願いします。
銀行名：三菱東京UFJ銀行
自己資金：700万円
提出期限：10月30日〉

数日後には、預金残高が700万円台のネットバンキング画面が同じLINEで「納品」されていた。入出金記録もいろいろ記されているが、全部でっち上げのいい加減なものだ。

G氏の会社は書類の記載（偽造）ミスなどをきっかけに、スルガ銀の審査部で偽造の疑いが深まり、取り扱い禁止になった。17年初めのことだ。

だが、ヤバイと思ったのもつかの間、すぐに営業担当行員が飛んできて、スルガ銀との手続きを代行する「ハコ業者」を紹介してくれた。その業者に50万～100万円の報酬を払い、客と物件の書類をそろえて届けると、契約手続きを済ませてくれる。「困ったときに助けてくれるのがスルガ銀行なんだ」と、G氏はつくづく思わされた。

G氏の会社は累計で100棟以上の中古1棟マンションを売りさばき、数十億円の利益を稼いだが、濡《ぬ》れ手で粟《あわ》の日々は18年2月に突如ストップした。

スルガ銀で不正が横行する実態が朝日新聞で報じられた直後から、不正な融資が通りにくくなったのだ。事前審査で内諾を得ていた案件まで、決済直前になってから中止に追い込まれた。

三為契約で買い付ける約束をした物件は、約束どおりに転売できないと違約金が発生する。最後は20％の違約金を設定したものが多く、1億円の物件なら2000万円、2億円なら4000万円が吹き飛ぶ。そうした違約金が18年の春先に立て続けに発生。2億円近い違約金を一気に払わされた。物件販売で得る利益が頼りだった家賃保証の支払いが滞り、客に詫《わ》びて回ることになった。

「正直、これまで甘い汁をたっぷりと吸わせてもらいました。やったことは消せないので、売った物件の空室を埋めたり、約束した保証家賃も払えるだけ払ったりして、可能な範囲でケツを拭いてから出直しますよ」

余裕綽々《しゃくしゃく》でそう語るのは、ため込んだ儲けがそれだけ大きいからだろう。

国税庁HPで作ったウソ申告書

第3章で登場した大阪市の不動産業者O氏は、大手マンション販売会社を辞め、独立してから資料の改ざんに手を染めるようになった。

手口を教えてくれたのは、かつての職場の同僚で、物件を卸してくれる業者仲間だった。

「こうやるんや」。パソコンを開き、スキャンした預金通帳の画像ファイルを編集ソフト「ペイント」で開く。「3」という数字を見つけたら、数字をくって「コピー」。数十万円ある預金残高の前に「ペースト」を2回やれば、残高はたちまち3300万円台に変わる。3桁ごとに「,」をコピペするのも忘れずに。そんな調子で手順を教わった。「こんなんでええんすか」。パソコンが苦手なO氏も感心しながら、すぐに始められた。

ただ、手口は単純でも、作業は骨が折れるらしい。

日付や出入金の欄はあまりいじらないが、預金残高を何十倍、何百倍にも増やすと、預金残高に対する「利息」の入金額にも響く。その銀行の預金金利を調べ、電卓で預金残高に掛け合わせて適正な利息額を記す。それに合わせて残高も少しずつ増やすという、手の込んだ細工も求められる。

業者に数百万円単位の「手付金」を払う設定だと、業者宛てにお金を振り込んだ記録も書き加える。年収を水増しする場合は、給与振込などの数字も改ざんする。堂々たる捏造工作は、事務所として借りた小さなワンルームマンションで深夜にひとりでこなしていた。三菱UFJの通帳は3500万円台、契約日にあわせて800万円の振り込みもつけといて――。そんな指示が日々電話で飛んできて、言われたとおりに数字をいじる。

作業時間は、1ページで30分から1時間。1冊分を仕上げるにも、ページが増えると時間もかかるが、銀行では何カ月分も記録をさかのぼって不自然さがないかを調べるため、

	日付(和暦日)	口座番号			繰越	¥*******404,298
1	27· 8·17		*150,000	ｶｰﾄﾞ		¥*******254,298
2	27· 8·20		*100,000	ｶｰﾄﾞ		¥*******154,298
3	27· 8·21		*13,015	- 8ｶﾞﾂ		¥*******141,283
4	27· 8·25	ｲﾂﾊﾟﾝｻﾞｲﾀﾞﾝﾎｳｼﾞ			*159,900	¥*******301,183
5	27· 8·25	ｶﾞｸ)			*329,451	¥*******630,634
6	27· 8·27		*9,590			¥*******621,044
7	27· 8·27		*6,960			¥*******614,084
8	27· 8·27		*6,100			¥*******607,984
9	27· 8·27		*8,650			¥*******599,334
10	27· 8·27		*60,500	ﾌﾘｺﾐ		¥*******538,834
11	27· 8·27		*300,000	ATMﾌﾘｺﾐ		¥*******238,834
12	27· 8·27		*540	ATMﾌﾘｺﾐﾃｽｳﾘﾖｳ		¥*******238,294
13	27· 8·27		*50,000	ｶｰﾄﾞ		¥*******188,294
14	27· 8·31				*63,300	¥*******251,594
15	27· 9· 2		*114,762			¥*******136,832
16	27· 9· 3		*18,210			¥*******118,622
17	27· 9· 4	ｶ)			*122,250	¥*******240,872
18	27· 9· 7		*66,004			¥*******174,868
19	27· 9· 7		*69,234			¥*******105,634
20	27· 9· 7		*10,100			¥********95,534
21	27· 9· 8		*4,773			¥********90,761
22	27· 9·10	ｲ)			*48,500	¥*******139,261
23	27· 9·10		*58,077			¥********81,184

O氏が改ざんする前の預金通帳の写し

		口座番号			繰越	¥***19,416,406
1	27· 8·10		*3,468			¥***19,412,938
2	27· 8·21		*13,015	- 8ｶﾞﾂ		¥***19,399,923
3	27· 8·25	ｷﾕｳﾖ			*441,360	¥***19,841,283
4	27· 8·25	ｲﾂﾊﾟﾝｻﾞｲﾀﾞﾝﾎｳｼﾞ			*459,900	¥***20,301,183
5	27· 8·25	ｶﾞｸ)			*329,451	¥***20,630,634
6	27· 8·27		*9,590			¥***20,621,044
7	27· 8·27		*6,960			¥***20,614,084
8	27· 8·27		*6,100			¥***20,607,984
9	27· 8·27		*8,650			¥***20,599,334
10	27· 8·27		*60,500	ﾌﾘｺﾐ		¥***20,538,834
11	27· 8·27		*300,000	ATMﾌﾘｺﾐ		¥***20,238,834
12	27· 8·27		*540	ATMﾌﾘｺﾐﾃｽｳﾘﾖｳ		¥***20,238,294
13	27· 8·27		*50,000	ｶｰﾄﾞ		¥***20,188,294
14	27· 8·31				*63,300	¥***20,251,594
15	27· 9· 2		*114,762			¥***20,136,832
16	27· 9· 3		*18,210			¥***20,118,622
17	27· 9· 4	ｶ)			*122,250	¥***20,240,872
18	27· 9· 7		*66,004			¥***20,174,868
19	27· 9· 7		*69,234			¥***20,105,634
20	27· 9· 7		*10,100			¥***20,095,534
21	27· 9· 8		*4,773			¥***20,090,761
22	27· 9·10	ｲ)			*348,500	¥***20,439,261
23	27· 9·10		*58,077			¥***20,381,184

O氏が改ざんした預金通帳の写し。残高は２ケタ増え、「キュウヨ」もでっち上げている

相応のページ数が求められる。できた偽造通帳にミスがないか、二度、三度と点検する。完成したあとで、「預金残高は2000万円台言うたけど、やっぱ3000万円台で」と言われ、徹夜で修正に追われることもあった。

通帳を改ざんすることに慣れてしまうと、年収を改ざんすることにも抵抗はなくなる。

「年収を倍に増やす業者もいるそうですが、とんでもない話ですよね。私の場合は、あと100万か200万あれば審査が通るってときに、年収をちょこっと改ざんして審査を通してあげるだけなんですよ」

O氏はどこか誇らしげに言うが、悪事を働いていることに変わりはない。

年収を増やすために偽造する書類には、源泉徴収票や確定申告書に加え、納税証明書や課税証明書といった公的文書も含まれる。

源泉徴収票は、ネットで見つけたフォーマットを取り込んで、数字を打ち込むだけ。実際の勤務先の収入を増やすこともあるが、社会保険料などの帳尻を合わせるのが面倒で、新たな勤め先をでっち上げるほうが楽だという。

医師や看護師なら別の病院を、会社員でも小さな不動産業者で副業しているように装う。源泉徴収額などは、無料の試算アプリではじき出せる。2、3年分をつくり、少しずつ収入が増えているように見せる。O氏は面倒でやらないが、丁寧に会社印をつくって押す業者もいるという。

確定申告書は、国税庁のホームページ上にある作成コーナーでつくった。客から確定申告書の作成や提出も請け負い、改ざんされた数字をもとにした所得税の申告を代行することもある。年収を水増しする代わりに、不動産事業で架空の経費を上乗せし、収入は増えても納税額はあまり変わらないように調節するというのだが、税申告を代行する行為自体が税理士法に反するのは言うまでもない。

不動産投資が初めての客に一つ目の物件を売るときは、「年収500万円以上」という基準に沿って客をより分け、年収をいじることはあまりなかった。だが、同じ客に二つ目、三つ目の物件を買わせるうち、銀行の基準に合わせて年収を水増しする例が増えていった。O氏は「10人いたら8人くらいは年収もいじってますね」と白状したが、いじり過ぎて誰をどのくらい増やしたかは思い出してもらえなかった。

「改ざんがバレたら提携やそのあとの融資が打ち切られる銀行もある。そういう相手には、絶対に資料はいじりません。これは取引業者からも厳しく言われます。資料をいじるのは、スルガ銀みたいに不正を黙認するか、最悪バレてもええわっていう、どうでもいい銀行が相手です」

O氏にはこんな失敗談もある。

源泉徴収票を偽造したものの、名前の読み仮名を間違えたまま、兵庫県内の地方銀行に提出した。担当行員から「勤務先が名前を間違えるわけないやろ!」ときつく叱られ、審査は落とされた。ただ、正しい読み仮名に直して別の流通系銀行に持ち込むと、あっさりと審査を通過した。兵庫県の地銀も出入り禁止とはならず、その後も別の客の融資には応じたという。

「宝くじが当たりました」

不正な融資を引き出す相手は、スルガ銀行だけではない。

東京・新橋に拠点があったW社。従業員は30人程度だったが、創業者と社長は不動産投資の入門書を数多く出版している。「楽待《らくまち》」などの不動産情報サイトで主催セミナーを案内し、会社員らを誘い出しては中古1棟マンションを売り込んでいた。

W社の内情に詳しい関係者から、同社の内部文書がごっそりと寄せられた。従業員からは具体的な証言を得ることもできた。2018年夏のことだ。

W社では、スルガ銀で不正融資ができなくなったあとも、三井住友銀行やりそな銀行、西武信用金庫、千葉銀行などに偽造した資料を提出し、多額の融資を引き出す不正を続けていた。

その動かぬ物証が、W社が物件ごとに作成していた「エビデンスファイル」と呼ばれる資料。偽造した内容にミスがないかどうかを点検するためのチェックシートだ。

偽造後の預金残高を「編集資産」と呼び、偽造しない資産額（「リアル提出資産」と呼ぶ）と分けて記録してある。

バージョンアップが繰り返された点検項目には、「残高は指示された金額か」「名義や口座番号は正しいか」「取引日は平日か」「ページ表記は間違いないか」などとある。偽造ミスが発覚して銀行から出入り禁止となるのを避けるのが目的だ。回覧した従業員や幹部、社長のハンコもしっかり押されてあった。

W社では、客も完全にグルとなっていた疑いが濃い。

スルガ銀以外では、物件価格の7〜8割しか融資を認めない金融機関もある。それでも自己資金ゼロで1億円台の物件を売ろうとすれば、物件価格は大幅に水増しし、4000万〜6000万円台の自己資金を工面する資金計画とし、十分な貯蓄があることも示さな

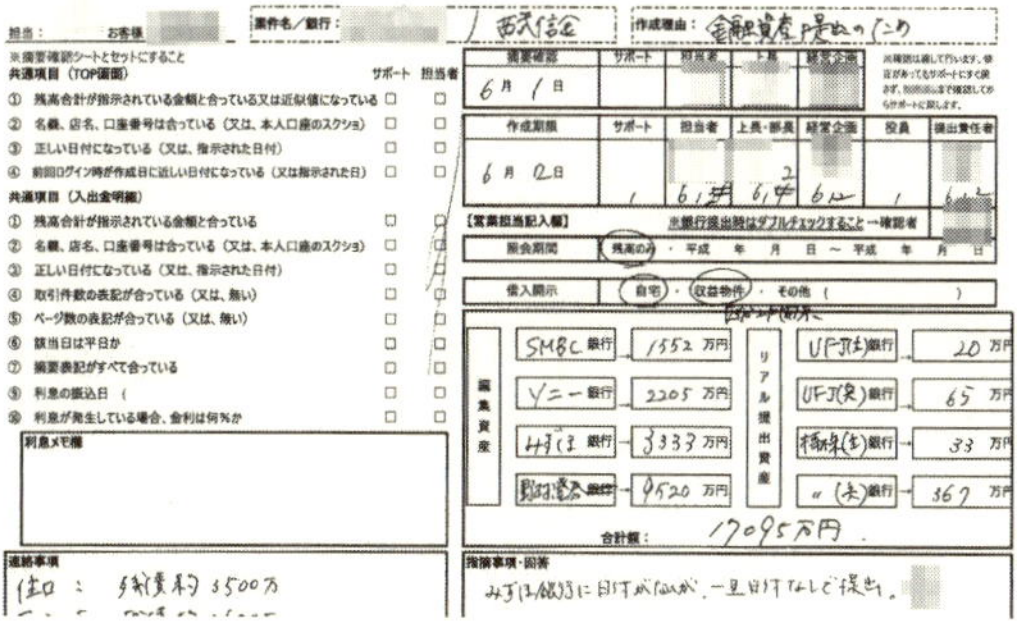

担当：　お客様 [redacted]
案件名／銀行：[redacted] ／ 西武信金
作成理由：金融資産提出のため

※摘要確認シートとセットにすること

共通項目（TOP画面）　サポート　担当者
① 残高合計が指示されている金額と合っている又は近似値になっている □ □
② 名義、店名、口座番号は合っている（又は、本人口座のスクショ） □ □
③ 正しい日付になっている（又は、指示された日付） □ □
④ 前回ログイン時が作成日に近しい日付になっている（又は指示された日） □ □

共通項目（入出金明細）
① 残高合計が指示されている金額と合っている □ □
② 名義、店名、口座番号は合っている（又は、本人口座のスクショ） □ □
③ 正しい日付になっている（又は、指示された日付） □ □
④ 取引件数の表記が合っている（又は、無い） □ □
⑤ ページ数の表記が合っている（又は、無い） □ □
⑥ 該当日は平日か □ □
⑦ 摘要表記がすべて合っている □ □
⑧ 利息の振込日（ □ □
⑨ 利息が発生している場合、金利は何％か □ □

利息メモ欄

摘要確認	サポート	担当者	上長	経営企画
6月1日		[redacted]	[redacted]	[redacted]

※確認は通して行います。修正があってもサポートにすぐ戻さず、経営企画まで確認してからサポートに戻します。

作成期限	サポート	担当者	上長・部長	経営企画	役員	提出責任者
6月12日	/	6/13	6/14	6/12	/	6/12

【営業担当記入欄】　※銀行提出時はダブルチェックすること→確認者 [redacted]

照会期間　残高のみ・平成　年　月　日～平成　年　月　日
借入開示　自宅・収益物件・その他（　）

編集資産		リアル提出資産	
SMBC銀行	1552万円	UFJ(土)銀行	20万円
ソニー銀行	2205万円	UFJ(火)銀行	65万円
みずほ銀行	3333万円	横浜(土)銀行	33万円
財形貯蓄	9520万円	〃(火)銀行	367万円

合計額：17095万円

連絡事項
借入：残債約3500万

指摘事項・回答
みずほ銀行に日付が無いが、一旦日付なしで提出。

不自然な改ざん点がないか点検するW社の「チェックシート」。「編集資産」は改ざんされた数字を指す

いといけない。なかには億単位の保有資産があるかのように装ったケースもある。

金融機関によっては、そんなに多額の資産を平凡な会社員がどうやって築き上げたのかと、担当者が面談時に尋ねてくる。W社では、事前に口実を考案し、客の口から説明させていた。従業員いわく、「親の遺産を相続した」「宝くじが当たった」「仮想通貨でひと儲けした」といったウソがよく使われていた（別の業者では株式の銘柄まで指定してウソをつかせていた例もある）。

宝くじや仮想通貨でひと山当てた会社員が何人も現れたら、さすがに銀行でも訝しく思わなかったのかと気にならなくもないが、実際にそうした方便で多くの融資が実行されてきた。

W社の客には、物件を買うたびに合同会社を設立

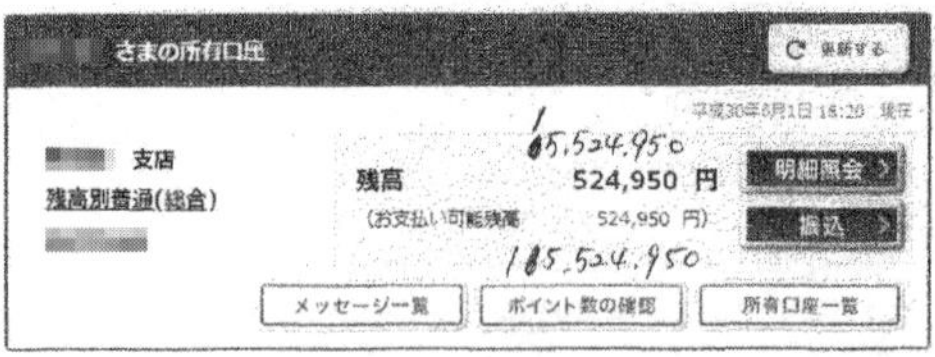

改ざん前のネットバンキング画面。手書きの数字は水増し額の指示とみられる

する者も多かった。会社の所在地は、シェアオフィスなどに置かれる。融資の「借り手」を合同会社とすることで、他行の借り入れがあることを隠すのが目的だ。そうした手口で地銀や信金から雪だるま式に借り入れを増やした強者も少なくない。

ニセモノの「銀行HP」

W社のスゴイ話はまだあった。

不動産投資向け融資で書類を改ざんする不正の実態が暴かれるにつれ、金融機関の現場では書類の原本確認が徹底されるようになった。通帳なら紙の原本を見せてもらい、ネットバンキング画面なら行員の前でログインをしてもらう（それまでやっていなかった銀行が多いことには驚かされるが）。

しかし、そんな銀行の目も欺く術がW社内にはあった。「リアルログイン画面」と呼ばれる手口で、2018年に始まったようだ。

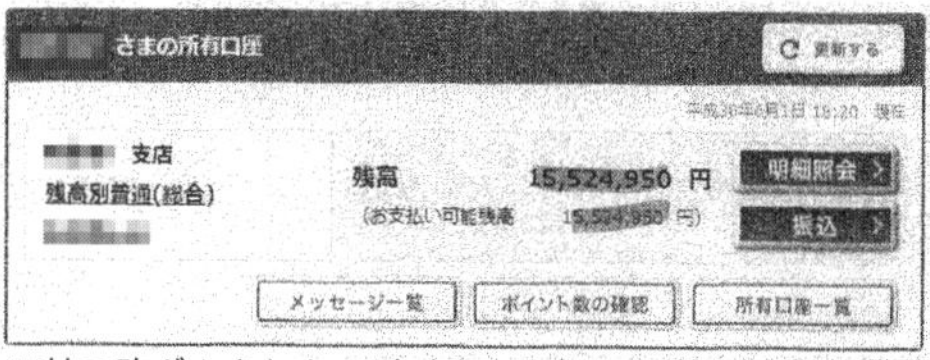

W社で改ざんされたメガバンクのネットバンキング画面

ＩＴに長けた従業員の一人が、ネット上に銀行のホームページそっくりの画面を作り込んだ。融資審査でネットバンキングのログインを求めるようなら、口実をつくって銀行担当者を自社の会議室に呼び、自前のパソコンでニセモノの大手銀行のトップ画面を開く。同席する客がそこへ口座番号を打ち込んでログインすると、偽造した出入金記録や預金残高と同じデータが表示されるカラクリだ（別の業者では、同じ仕組みでニセモノのスマホアプリをつくって銀行員をダマしたケースもある）。

従業員は自嘲気味にこう語った。

「銀行の審査が厳しくなったらふつうは不正をあきらめるのに、ウチは厳しくなった審査をいかにくぐり抜けるかに血道を上げる。お客さんは一緒に銀行をダマした気になっているが、自分が割高な物件を買わされていることには気づかない」

W社の社長が大手出版社から17年夏に出した著書を開くと、調子のいいセリフのオンパレードだ。

〈自己資金が少ない人でも投資できる〉

〈ローンは入居者が払ってくれる。ローンを手持ちの資金から払う必要はありません〉

〈不動産投資は究極の「不労所得」。リタイア後の収入にもふさわしい〉

〈将来不安から解き放たれ、人生を楽しむリターンが得られる〉

将来不安をあおって副収入の必要性を唱え、銀行の預金金利の低さを強調し、日本銀行の大規模緩和やマイナス金利も引き合いに出しながら、銀行の貸出姿勢が積極的な今こそ〈投資を始める時期として、まさに逃してはいけないタイミング〉だと呼びかける。書かれた内容の多くが危ういものであることは、本書の読者にはもうおわかりだろう。


W社の社長や創業者とは計3度にわたり、3時間以上にわたって話をした。不正の証拠を突きつけても、彼らはそれ自体はっきりとは認めなかったが、

「他の業者が不正をやっているという証拠を集めて提供したら、ウチの話は抑えてもらえませんか。入手できそうなあてはあるんですよ」

と持ちかけてくる。突き放してもなお、

「私たちが仮に不正をやっていたとして、それで営業できなくなるのは仕方ないとしても、どうしてウチだけ書かれるのかっていう思いはあります。他にももっと大規模に悪いこと

をしている会社があるのに」

とも粘ってきた。

従業員から聞いた話では、取材を終え、記事が出たあと、W社では従業員のほとんどが退職を迫られ、間を置かず会社は営業停止となったが、主要メンバーは関連する別会社に移り、不動産ビジネスを続けている。

ユルそうな地銀・信金をパトロール

本章の冒頭で紹介したように、スルガ銀行による不正融資では、客が知らないうちに年収や貯蓄が改ざんされていたというケースが少なくない。銀行員がいっしょになって不正に加担したため、客に改ざんすることを伝えなくても、ウソの融資資料で審査部門を欺くことができたからだ。ほかの銀行でも同様の不正を働こうと、「営業」という名のパトロールを続け、審査のユルそうな銀行担当者を物色している業者もいる。

金融庁が2018年10～11月に全国の銀行・信用金庫・信用組合を対象に実施したアンケートでは、マンションやアパートなどの1棟物件向け融資の審査で、借り手の貯蓄を確かめる際、預金通帳の原本を「必ず確認」する金融機関は2割前後しかなく、多くはコピーの確認で済ませるケースが含まれていた。預金残高をネットバンキング画面で示される場合は、表示画面を「必ず確認する」と回答した金融機関は1割前後しかなく、「一切確認しない」という回答が銀行で3割、信金・信組で6割超もあった。給与明細や税務書類による年収の確認も、原本を必ず確認するのは2~3割台にとどまる（金融庁「投資用不動産向け融資に関するアンケート調査結果」2019年3月）。

審査のユルい金融機関を業者が開拓しようと思えば、まだまだ見つかる可能性がある。ただ、書類の改ざんが業者と銀行との間で勝手に行われるとしても、客が融資の手続きを業者任せにせず、もっと主体的に関わっていれば、不正は避けられる可能性が高い。

投資物件に融資する金融機関は数多いのだから、どこからどんな条件でお金を借りるかは、返済する責任を負う客が自分で考えて判断すべきことだ。業者が提携する金融機関を選ぶとしても、融資に関する説明に何の責任も負わない業者は平気でウソをつく。融資の中身や条件は銀行員から直に説明を受け、存分に納得できる場合にだけお金を借りる。煩雑な契約手続きを流れ作業で進めることは避け、契約書類にくまなく目を通していれば、業者と銀行員が結託して不正を働く隙は狭まるはずだ。

これまで取材で見てきたなかでは、業者から貯蓄や年収を改ざんすると伝えられ、了承したという人も意外に多い。業者とタッグを組み、銀行員に「宝くじが当たった」と堂々ウソをつくような輩《やから》は論外として、ふつうの市民が犯罪まがいの不正につい加担させられてしまうのはなぜなのか。

リアリティーのある二つの事例を紹介しよう。

ある30代の男性は、投資を決めるまでに、五つの業者で話を聞いて回った。五つの業者のうち、四つの業者で「通帳は改ざんして銀行に出します」と説明された。「この業界では当たり前」「みんながやっている」「銀行員も知っている」と散々に聞かされ、五つ目の業者のところで「そういうものなのか」と受け入れてしまった。

40代の別の男性は、売買契約を交わしたあと、銀行との融資契約のために訪れた支店の一室で、銀行員がやってくるのを待っている間、同席した業者から「預金残高を2桁増やしたので、話を合わせてくださいね」と耳打ちされた。「は?」と驚いているところに銀行員が入室。その場で待ったをかける勇気がなく、貯蓄額の確認にも首肯して契約手続きを進めてしまったが、バレたらどうなるのかという罪悪感には直後から苛《さいな》まれた。

年収や貯蓄を偽って銀行をダマす行為は、罪に問われかねない悪質なもので、絶対に加担してはいけない。よくあることだからと同意するのは言語道断。小さなことでも疑問や抵抗を感じたら、必ず立ち止まったり引き返したりする。業者に遠慮して、犯罪者となるリスクを背負うことほどバカらしいことはない。

年収や貯蓄のウソがバレなかったとしても、客が得するとは限らない。「高利回り」とうたわれた収益性までウソであることが多いからだ。次章で詳しく見ていこう。

第5章　「高利回り」と見せかける

レントロールが手品のように変わる

その男は周囲をきょろきょろ見回しながら、東京・新宿の喫茶室「ルノアール」の店内に入ってきた。客との商談でよく使っていた場所だという。

営んでいた会社は資金繰りが行きづまって営業停止となった。関係者から追われる身になり、なかにはそのスジの者もいるらしく、私と会う前には「本当にヤクザの回し者じゃないですよね」と何度も念押ししてきた。

ここではR氏としておこう。Tシャツにだぼっとしたズボンの、ラフないでたちで現れた。

タバコの煙が漂う店内でR氏が見せてくれたスマホには、スルガ銀行の行員と交わしたメールやLINEのやりとりが残されていた。そこには、顧客の属性、年収や貯蓄を示す資料に加え、「レントロール」と呼ばれるファイルが数多く添付されている。

レントロールは、不動産物件の「家賃収入表」のこと。部屋ごとの家賃や管理費、入居・募集の状況など、現状の収益に関する情報が記されている。R氏の場合、エクセルで作成し、細かいものには入居者の名前や属性も書いてある。

中古物件の収益性をみるには、各戸の家賃（空室なら募集家賃）に加え、現状の入居の有無を把握したい。そのうえで、空室分も含む年間の想定収入を物件価格で割った利率が「表面利回り」となる。

ところが、R氏から銀行員あてのメールには、同じ物件のレントロールが何種類も添付されている。たとえば東海地方の「〇〇コーポ」という物件のレントロールが、あるファイルでは表面利回りが6％台に、別のファイルだと7％台になっている。どういうことなのか。

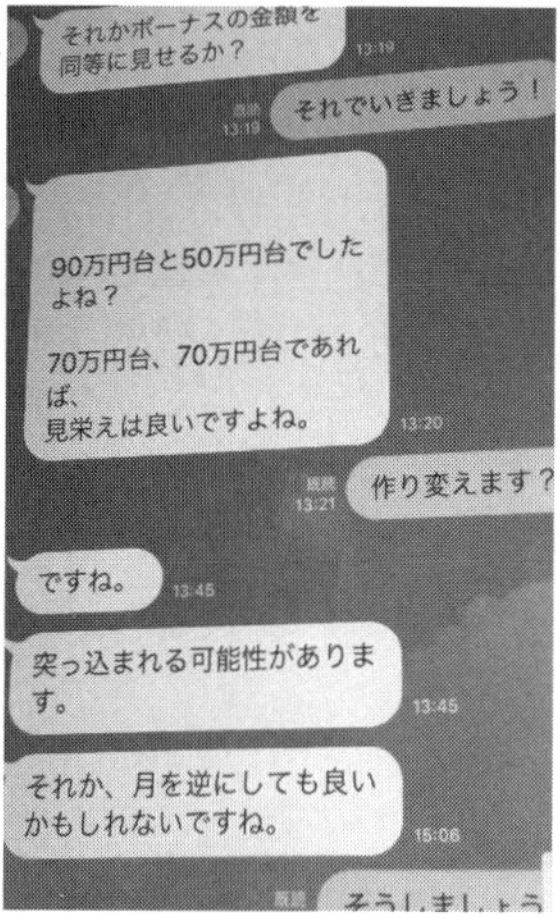

偽造資料の再改ざんを指示する銀行員と業者のLINE

R氏はこともなげにこう説明した。

「業者はなるべく価格をつり上げたい。銀行の営業担当者は融資を増やしたい。お互い、銀行の審査も通りやすくなるように、利回りを調節してるんすよ」

レントロールは本来、物件の管理を委託されている不動産業者がつくるものだが、三為業者のR氏は適当にその数字をいじっていた。「調節」と言えば聞こえはいいが、要は家賃収入額をでっち上げているのだ。

表面利回りが高く現況の収入も多いほど、銀行の融資は引き出しやすくなる。スルガ銀の場合、築古のマンションでは少なくとも7~8%程度の表面利回りを確保することが要求されていた。欲の皮が突っ張って業者が価格をつり上げるほど、現状の家賃収入も高く設定することを迫られる。

R氏のパソコンには、「現況」(=ホンモノ)と「銀行提出用」(=ニセモノ)の両方を送信したメールも残されていた。ある物件のニセモノのレントロールでは、家賃収入額がホンモノの1・7倍超に増やされていた。

ホンモノとニセモノを比べると、月6万円台の家賃が数千円ずつ水増しされたうえに、空室の部屋も入居者がいるかのように装われている。たとえば20戸のマンションなら、家賃を1戸3000円ずつ増やすと月に6万円、年間72万円の収入が見せかけ上は増やせる。さらに空室の部屋を一つ埋めるごとに現状の家賃収入額は上がる。まるで手品でも見せられているようだが、実際に動くお金は改ざん前と何も変わらない。

銀行からは各戸の賃貸契約書の提出も求められたため、家賃を水増ししたり、空室の部屋を「入居中」と偽ったりするたびに、賃貸契約書を偽造する必要も出てくる。「手が器用なんスよ」と自任しながら、R氏はでっち上げの入居者名で賃貸契約書を偽造しまくったことも明かした。

ただ、むやみに利回りを上げればいいというものではない。

銀行員から送られてくる画像には、埼玉県のある駅の周辺相場を調べたプリントに〈2LDK　62　5〉〈1LDK　52　4〉と記された付箋が貼られ、「平均以下で微修正願います」とのメッセージも添えられた。R氏は2LDKの部屋を賃料6万2000円と管理費5000円に、1LDKは賃料5万2000円と管理費4000円に修正し、利回りの水準は維持するために物件価格も下げたレントロールを再送している。

欲張りすぎて水増しが度を越えると、審査も通らないのだろう。銀行員は丁寧に周辺相場と照らし合わせ、価格や家賃が高すぎないかを入念にチェックしていた。改ざん資料も審査部門に提出する前に添削し、賃貸契約書の日付が間違っているのを指摘して出し直させるやりとりもあった。

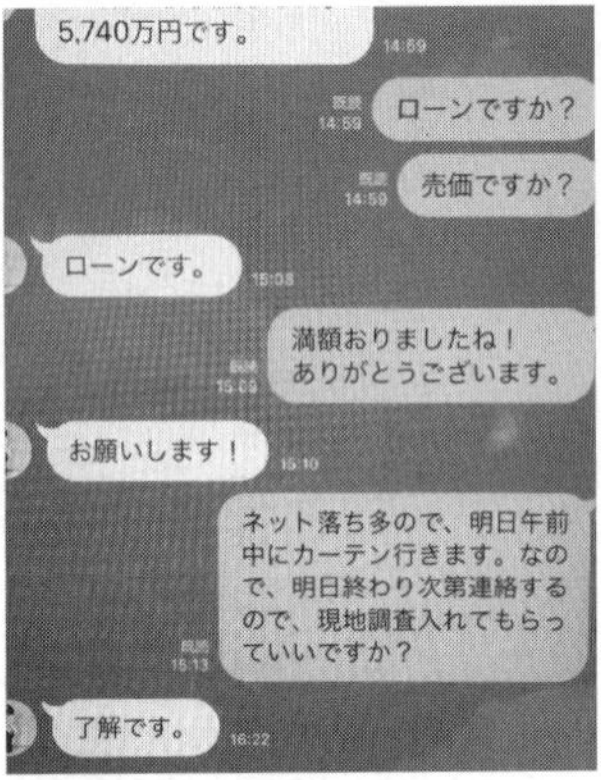

空室にカーテンを付けに行くと銀行員に報告するLINE

「カーテン行きます」

〈明日午前中にカーテン行きます。終わり次第連絡するので、現地調査入れてもらっていいですか〉
〈了解です〉

　R氏が2017年春に銀行員と交わしたLINEには、そんなやり取りも残っていた。銀行の審査部門による「現地調査」に備え、入居者がいるように見せかけるため、空き部屋にカーテンをかけにいくことを担当行員に伝えたものだ。

　空室が多い物件でも、レントロールには高い入居率を記載し、賃貸契約書も偽造する。営業担当者は抱き込めても、審査は別の部署なので、現地調査にやってくる銀行員の目は欺く必要があった。

　空き部屋にただカーテンをつけるだけではない。電気メーターが回っていることも確認されるため、リサイクルショップで買ったビデオデッキを持ち込んで延々と再生し、適度に電力を消費させるという手の込みようだった。

「カネになるなら、業者はなんでもやりますよ」

とR氏。扱った物件のおよそ9割は、レントロールを改ざんしていたと明かす。

「15年頃なら、価格を3億円近くまでつり上げて1億円くらい抜ける物件もありましたよ。実際の利回りは、スルガ銀の金利に1％くらいは上乗せして、5％台になるように価格を調節する。仕入れ値ベースだと利回り10％以上のボロ物件が対象ですね」

客にはホンモノのレントロールを示し、ウソのレントロールを銀行向けに作っていることはあえて言わなかった、とR氏は強調する。ただ、取材したなかには、客にもウソのレントロールしか見せず、空室分の家賃を補塡することでウソを隠していた業者もいた。これだと業者を介して家賃を払う間はウソとは気づかれず、業者がばっくれるまでは実態がバレにくい。

R氏は「客にウソついちゃうと、あとでトラブルになりますからね」と言うが、低めの利回りでも物件を数多く売れたのは、ほかにも理由がある。

「断れない客」を狙う

「最初っから『断れない客』を狙うんすよ。独身で、気が弱そうで、東証一部の会社の工場とかで働いてて、コミュニケーション能力が低そうなヤツなんかいたらサイコーっすよ」

ワンルーム投資経験者の名簿の中から、条件に合いそうな人を狙い撃ちにしていく。そうした相手と会う約束まで取り付けられれば、勝負はほぼ決したようなものだ。

「会って1時間くらい、マンション投資の説明をするじゃないですか。そのあと意見を聞いて優柔不断なそぶりを見せたら、『はぁ！　興味があるとか言うから、こっちはわざわざ時間をかけて説明してんすよ。子どもじゃないんだから、自分の考えは自分できちんと整理してくださいよ！』とか言いながら、机をばんばんとたたく。そしたらね、気の弱いヤツはだいたいハンコをついちゃいますよ。あっ、これは一般論ですよ、ぼくの話じゃなくて」

よくある手口なのだろう。

悪徳業者の実態を描いた藤本好二著『不動産投資業者のリアル』（幻冬舎／2018年）

でも、「逆切れ商法」と称するこんな営業トークが紹介されている。

「きちんと検討するという約束で会っているのに、検討する気がないとはどういうことですか？　冷やかしですか？」

「すみませんじゃないですよ。人としておかしくないですか。立派な大人ですよね（略）。怒っている意味分かりますか？」

「約束守って検討しましょうよ。よければやる、よくなかったらやらない。それが基本じゃないですか」

「メリットとデメリットをきちんと理解して、リスクが消せないなら、（略）普通に断ってください。私も時間とってもらってすみませんでしたって言いますから。でもリスクが消せているのに、それでナンクセつけるとかはやめてくださいよ。またさっきみたいにケンカになるんで」

R氏はここ数年の業界動向についてこうも語った。

「13年頃は年収700万以上なら銀行融資を1億円くらいまで引っ張れた。それで新築の区分マンションを三つくらい、みんなで競い合うように買わせた。2年くらいたつと、今度は3億円まで引っ張れるようになってきた。客には『収支改善の提案です』と持ちかけ、ボロい中古1棟マンションをつかませる。みんな借金がパンパンで自己資金なんかあるはずもないから、預金通帳も改ざんする。あえて客に言う必要もない。黙って通帳を受け取り、『これなら大丈夫』と言いつつ勝手に改ざんしておく。ぼくの場合はね」

借金1000万円おかわり

家賃収入を物件の取得価格で割って算出する「表面利回り」は、無数にある投資物件をふるいにかけるための目安としては使い勝手がいい。だが、あくまでも表面的な数字に過ぎないことは肝に銘じておきたい。なぜなら、実質的な利回りを押し下げることになる「コスト」がそこかしこに隠れているからだ。

不動産投資のコストは、物件購入にともなう「諸費用」と、物件取得後に発生する「維持管理費」におおむね分けられる。諸費用が増えて事実上の取得価格が膨らむ場合でも、維持費がかさんで事実上の収入が少なくなる場合でも、実質的な利回りは小さくなっていく。

物件購入時の諸経費には、所有権の移転などにともなう登記費用、司法書士への手数料、業者への仲介手数料、取得税、融資を受けるなら金融機関への手数料などが計上される。

維持管理の費用としては、固定資産税、管理費、修繕費、借金をするならその利息もかかる。まともな物件なら、所得税や住民税も新たに発生する。

　こうしたコストも考慮した実質的な収入を、物件取得にかかる総額で割れば、より実質的な利回りを算出できる。「実質利回り」にはいろいろな解説があるが、先行きをなるべく慎重に見極めるためには、予想可能なコストはなるべく俎上《そじょう》にのせて、それも加味したシビアな実質利回りで物件の収益性を評価したほうがいい。

　物件の築年数が古くなるほど、設備の修繕や更新などで想定外の出費を迫られることも少なくない。なかでも1棟もののマンションやアパートで、長期的な修繕計画もないような物件では、修繕費用が予想外に高額となるケースもある。

　たとえば神奈川県在住の男性医師は2014年、同僚医師に紹介された東京・日本橋の不動産業者P社から、四国地方の中古1棟マンション2棟を計3億円で買った。築年数は2棟とも二十数年で、諸経費もすべてスルガ銀行の融資でまかなうオーバーローンだった。

　ところが、買った途端から「入居者が退去した」との連絡が相次いだ。入居者が入れ替わるたびに家賃が目減りし、何年も使い古されて明け渡された部屋には1戸あたり100万円近い修繕費用が請求された。共有設備の不具合も続々と見つかって、修繕費は2年もたたないうちに1000万円近くに。

困っていると、修繕費をまかなうためのフリーローンを借りるよう業者や銀行から勧められる。背に腹は代えられず、言われるまま1000万円を同じスルガ銀で借りた。その金利は7・5%。収支は悪化の一途をたどり、税理士に相談したところでようやく「このまま運用しても帳尻は一生合わない」と待ったをかけられた。

業者に示された利回りをうのみにし、事前に想定していなかったコストに悩まされる例は中古の1棟物件ではとくに多い。

東証1部TATERUの手口

新築物件の事例も見てみよう。

愛知県に住む30代の会社員、内山さん（仮名）は2017年の暮れ、同じ県内に土地を購入して新築アパートを建てる契約を結んだ。顧客のネットバンキング画面を日常的に改ざんしていたことがのちに発覚する東証1部上場の不動産会社TATERU（以下、タテル）の物件だ。

駅まで徒歩数分の距離で、名古屋駅まで電車で30分圏内。交通の便は決して悪くはない。

内山さんはそれまで数百万円単位の貯蓄の多くを株に投資していたが、利回りと家賃収入の大きさに惹《ひ》かれ、にわかに不動産投資に目覚めた。年収は400万円台だったが、勤め先の規模は大きく、派遣社員から正社員に昇格したことで、融資を受けるにも有利に働くと考えた。

勧誘された際の計画では、物件取得費は諸費用を含めて8572万円。内訳は土地が3400万円、建築費が4753万円、諸経費が418万円となっている。貯金は200万円しかなかったが、営業マンから「ぜんぜん大丈夫。自己資金は20万円くらいの人が多い」と聞かされ、その場ですぐに購入申し込みを書いたという。

しかし、20万円の自己資金で不動産を買うのが不正抜きにしては難しいことは、すでに見てきたとおりだ。

タテルの場合、銀行には隠れて別の信販会社で借金をさせることが、自己資金を工面させる手口の一つだった。

内山さんはまず約8000万円を西京銀行（山口県周南市）で借り入れる。返済期間は35年で、金利は年2・535％、変動金利だ。銀行には数百万円の自己資金を払うと申告していたが、タテルも多くの業者と同様、客には何も言わずにネットバンキング画面を偽造し、貯蓄額を水増しして銀行に提出していた。東証1部上場とは思えない所業だが、不

【資金計画】

自　己　資　金	4,226,600 円
金　融　機　関	81,500,000 円
合　　　　計	85,726,600 円

自己資金の申告にウソはないか？

【返済計画】

借入先（融資条件）	月間返済額
金融機関（35年2.535%）	292,900 円
合　　　　計	292,900 円

【収支計画】

月間予定賃料収入	424,000 円
月間借入支払	292,900 円
月　間　管　理　料	22,900 円
RobotHomeシステム料	8,700 円
清　　掃　　料	5,400 円
月間収支合計	94,100 円
年間予定賃料収入	5,088,000 円
年間借入支払	3,514,800 円
年間管理料等	328,800 円
RobotHomeシステム料	104,400 円
清　　掃　　料	64,800 円
固定資産税等	384,200 円
年間収支合計	691,000 円

利回りの根拠は？コストを考慮した実質的な利回りは？

想　定　利　回　り	6.51%

大事なことが小さく書かれていないか？

※利回りは周辺賃料を元に満室時を想定した年間の予定賃料収入を物件の取得価格で除して求めた表面利回りです／※予定賃料収入が将来にわたり確実に得られる保証はありません／※利回りは公租公課その他物件を維持するために必要な経費を控除する前の予定賃料収入で計算しています

【図表5-1】 タテルが作成した「賃貸アパート事業計画書」の一例

【事業内容】

建設場所	名古屋市内
敷地面積	約 177 ㎡
建蔽率	80%
容積率	200%
構造	木造 2 階建て
間取り	8 戸
登記床面積	約 174 ㎡
施工床面積	約 307 ㎡

【総事業費】

土地代や建築費は割高になっていないか？

土地価格	34,000,000 円
建築請負金額	47,539,600 円
諸経費	4,187,000 円
総事業費合計	85,726,600 円

【建築請負金額内訳】

建築費（税抜）	40,870,000 円
建築費消費税額	3,269,600 円
外構・地盤工事代	2,000,000 円
造成工事費用	1,400,000 円
建築請負金額合計	47,539,600 円

【家賃収入内訳】

周辺相場と比べて高くないか？ 近隣の空室状況は？

1 戸当り賃料	賃料合計
53,000円（×8戸）	424,000 円
合計	424,000 円

大事なことが小さく書かれていないか？

※この計画書はあくまでも試算です。実際の収入・支出額や返済条件などは諸条件により異なる可能性があります／※この計画書は不動産の購入又は建築に必要な資金の融資の予約や審査などにつき、お約束するものではありません／※電気・水道料金は実費にて別途負担していただきます／※「年間管理料等」には消防設備点検費 54,000 円が含まれます

【諸経費内訳】

建物表示登記	90,000円	建物新築時、法務局に建物の表題部を登記する為、地目変更の為に必要な費用
建物保存登記	48,000円	建物の表示登記後、所有者の所有権登記の為に必要な費用
土地所有権移転登記	310,000円	土地の所有権を移転する為に必要な費用
抵当権設定登記	394,000円	金融機関の借り入れで、担保として土地・建物に抵当権設定する為に必要な費用
司法書士手数料等	200,000円	法務局での一連の登記手続きを行う為に必要な司法書士への報酬
仲介手数料（土地）	0円	土地売買契約に不動産仲介業者が媒介したときに業者に払う仲介手数料
竣工までのローン支払額	520,000円	建物の完成・引き渡しまでの間に負担する金融機関への借り入れ利息
金融機関融資手数料等	1,002,000円	金融機関に払うローン手数料及び付随する事務手数料並びに各種契約書の印紙代
予備費	345,000円	月額支払利息額の2カ月分を返済予備費として見込んだ額
火災保険（10年）	757,000円	アパート火災等の災害に備え加入する保険
地震保険（5年）	261,000円	地震等によって発生する火災、損壊等に備え加入する保険
固都税清算金	260,000円	土地を取得した際、負担する税金。1年分の税額を日割で負担

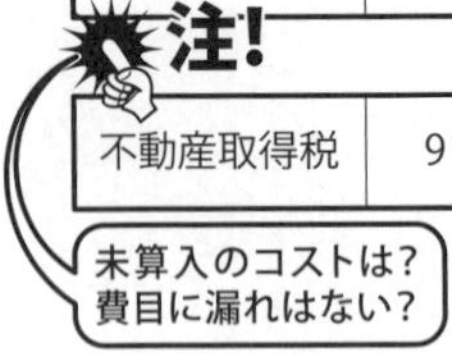

※別途不動産取得税が発生します

不動産取得税	913,000円	※1回のみ負担、土地：233,000円、建物：680,000円

※この諸経費内訳はあくまでも試算です。実際の諸経費等は諸条件により異なる可能性があります

動産業界ではこれが当たり前なのだ。

信販の借り入れが多いほどその後の収支は厳しくなる。そのことに途中で気づいた内山さんは、最終的には自己資金を150万円に増やし、信販会社アプラスから400万円を借りた。金利は年3・8％で、返済期間は15年。毎月3万円近い返済が180回続く。

投資の決め手は、「想定利回り」が6・51％となっていたことだ。中古物件では予想外の修繕費が発生するリスクが大きいと考え、内山さんは新築にこだわった。投資物件の価格が高騰するなか、木造とはいえ、新築で6％台の利回りを確保できる物件は首都圏ではなかなかお目にかかれない。

ただ、タテルが示した利回りが、何をもとに算出したかがわかりにくい。前掲の表（図表5－1）は、内山さんがタテルから最初に示された「賃貸アパート事業計画書」だ（最終的な銀行提出分とは一部異なる）。想定利回りは〈周辺賃料を元に満室時を想定した年間の予定賃料収入を物件の取得価格で除して求めた表面利回りです〉と説明されている。

満室時の収入は年508万8000円。土地代と建築費の合計額で割ると、利回りは6・2％台となり、計算が合わない。よく調べると、建築費の総計から「外構・地盤工事代200万円」や「造成工事費140万円」を差し引くと、利回りは宣伝どおりの6・51

%になる。「物件の取得価格」から建物以外の工事費をわざわざ除いて利回りを計算したのは、見た目の利回りを少しでもよく見せるのが狙いだろうか。

表面利回りには意味がない

「物件の取得価格」で「満室時の家賃収入」を割った値が表面的な利回りとなるが、実際に物件を取得するには土地代と建築費以外にもさまざまな経費がかかる。建物を維持するにもさまざまな経費が継続的に発生する。これらの経費（＝コスト）を価格に上乗せしたり収入から引いたりして、「取得費用の総額」で「家賃から経費を引いた収入額」を割るほうが、より現実的な利回りが見えてくる、というのは前述のとおりだ。

内山さんが投資した物件では、表向きの「物件取得価格」は7813万9600円だ。しかし、実際には「外構・地盤工事代」や「造成工事費」として340万円が別に請求されていた。

諸経費は418万7000円。内訳には、登記費用や司法書士手数料、融資する金融機関への手数料、物件完成までの利息の支払い、当面の火災保険料などが並ぶ。91万3000円が見込まれるという不動産取得税は、諸経費に加算されていない。

概算では、物件の取得費用総額は8663万9600円となる。

一方、家賃収入から差し引かれる経費は数多い。

タテルは年間49万8000円の経費を自ら請求する。ここには入退去や家賃の管理（月2万2900円）、アプリの利用料（月8700円）、清掃料（月1回5400円）、消防設備点検費などが含まれる。固定資産税は38万4200円が見込まれる。ここまでは一般的に経費として計上されるものだ。

さらに借金で投資をする場合は、利息が発生する。借りたお金を差し戻す元金返済とは違い、利息は借金をしていなければ払う必要のなかったコスト負担だ。

この物件では銀行への月々の支払いが年342万9600円（月28万5800円）に上る。そのうち約201万円の利息払いをここでは経費として見積もっておこう。

満室時の家賃収入（年508万8000円）から一般的な経費を引くと年420万5800円。さらに銀行への利息払いを引いた実質的な収入は219万5800円となる。

実質的な収入を物件の取得費用総額で割ると「2・53％」になる。これが銀行で融資を受けた場合の、実質的な利回りと言える。資金計画書の表面利回り「6・51％」とはかなり開きがある。

しかもこれは、信販ローンを借りなかった場合の利回りだ。内山さんは信販会社で400万円のローンを組んだため、信販会社には5万4000円の事務手数料を払い、1年目に14万8500円の利息を払わされる。これも加味すると、実質的な収入は年204万台に縮み、事務手数料もコストとして上乗せすると、実質利回りは年「2・35％」に萎《しぼ》む。ちなみにタテルは信販会社のローンを銀行に隠していたため、客に渡す収支計画でも信販ローンの返済は記載さえされていない。

この利回りも新築ピカピカの1年目の、満室時の場合に過ぎない。月日の経過とともに、建物はだんだん劣化する。経年劣化とともに設備の交換や修繕などで出費が増え、家賃の相場も下がる可能性がある。空室になるだけでも収入は下がる。変動金利で借金をしているため、利息が上がれば、利息負担も大きくなる。利回りの低下リスクは種々に控えているのだ。

リスクを背負うのはタテルでも銀行でもなく、物件に投資する客にほかならない（銀行の貸し倒れリスクは、客の給与や資産を食い潰《つぶ》したのちに発生する）。

内山さんは思い立ったが吉日とばかりに物件の売買契約を交わしたが、タテルに示された数字と1カ月ほどにらみ合ううちに、表面利回り6％台という表の数字にたいした意味がないことに気づいた。

「よく計算してみたら、家賃収入から借金の返済と手数料支払いなどを引くと、満室時でようやく月にプラス7万円。2室でも空けば赤字になるし、ほかに固定資産税なども払わないといけない。厳しい投資だと気づくまでに時間がかかってしまいました」

自分が投資する物件の周囲や同じ沿線に、よく似た物件が続々とつくられていることにもあとから気づいた。竣工《しゅんこう》から空室が続く間はタテルが家賃を肩代わりするが、いったん入居した部屋が空室になっても保証はされない仕組みだ。

売買契約から1カ月後。いちどは「やっぱりやめたい。手付金はいらないのでやめる」と電話でタテル側に伝えたものの、営業マンから「大丈夫」と粘られ、根負けして引き下がってしまった。契約上は、手付金を放棄するなら契約解除できるタイミングだったというが、押しの弱い人間にはハードルが高い。

このときが危うい道から引き返す最後のチャンスだったかもしれない。

レバレッジは危ない

同じ物件をもとに、もう少しシミュレーションを重ねよう。

取得費用が総額で8600万円台となる物件に対し、内山さんは自己資金150万円を拠出し、銀行で約8000万円の融資を金利2・535％で、信販会社からも400万円を金利3・8％で借りた。その結果、実質的な利回りは2・35％という残念な結果となる。

当初、タテルの営業マンからは「自己資金は少なくて大丈夫」と聞かされ、信販会社で500万円を借りる予定だった。営業マンが勧めた計画どおりなら、実質利回りはさらに縮んでいたが、それが賢明でないことは内山さんも途中で気づいた。

自己資金を払わずに投資できるなら、手元に残る資金が増えて得するかのように勘違いする人は少なくないが、自己資金が少ないほど借金の額が増え、実質的な利回りは減る。コストが増える分だけ、儲けを出しにくくなるということだ。

反対に、自己資金を出せば出すほど、借金は減り、利息負担も軽くなるため、実質利回りは上がっていく。コストは減り、儲けを出しやすくなる。どちらが得かは歴然だろう。

内山さんが信販会社の借金に頼らなければ、実質利回りは2・53％だった。

さらに極端ではあるが、同じ物件を現金で買えるとすれば、金融機関に払う融資手数料（100万2000円）や完成までの利息支払額（52万円）、根抵当権設定登記（39万4000円）が不要になり、取得費用総額は200万円以上安くなる。その後も年200万円を超す利息負担はなくなるため、実質利回りはいきなり5％前後に上昇する。

土地は三為契約で買わされているほか、税抜きで4000万円を超える建築費も木造2階建て8戸の建物にしては高すぎる印象だ。

3％の仲介手数料で土地を買い、豪華でなくても構造上しっかりしたアパートを建てていれば、不透明なその他の工事費も含めて2000万円前後は価格を見直す余地があったのではないだろうか。自分ですこし手間をかけ、アプリに頼らず管理コストまで見直せば、利回りはさらに上げられる。満室時の想定とはいえ、スタートラインの利回りをすこしでも底上げしておくことが、のちに空室が出たときなどの備えになる。

不動産投資を勧める本やネット上のサイトには、「レバレッジ効果」がまるで投資の極意のようにうたわれることが多い。レバレッジとは「てこの原理」のように、少ない自己資本に他人の資本を足し合わせ、総資産を増やすことで利益率を高めることを指す。貯金の乏しい人でも大型物件を手にして家賃収入額を一気に伸ばせるとことさら強調する一方で、家計が破綻するほどのリスクを背負うことにはほとんど触れないのがお決まりのパターンだ。

これまで見てきたとおり、借金は増やせば増やすほど多額の手数料を請求され、毎年の利息負担も大きくなる。年間に何百万円、数年で1000万円も払わされるコストをかけるのは、高い収益がよほど確実に見込める物件でもない限り、利益に見合わない過大なリスクを背負わされることにつながる。

おまけに物件価格が法外につり上げられ、割高な管理手数料をかすめ取られ、部屋を満室に埋めることもままならないようでは、目も当てられない。

2棟のシェアハウスを計3億円のオーバーローンで買ったものの、部屋が埋まらずに借金返済に窮した50代の男性会社員が、こんな言葉をぽつりと漏らしたことがあった。

「多額のローンが組めるのは、大企業で働く自分の〝属性〟がいいからなんだと言い聞かされるうち、お金をたくさん借りられることが自分の実力であるかのように勘違いしていました」

銀行には多額の利息と手数料を払わされ、自分の借金で業者が何千万円もの利益を貪っていた構図は、計画が狂ったあとでようやく理解できた。

業者が重ねるウソは、こんなものでは済まされない。次の章で見ていこう。

第6章　「ウソ」は堂々とつく

消費者金融の借金をなくすマジック

「消費者金融の借金を帳消しにしてあげられますよ」

東京・新宿に拠点を構える不動産業者O社では、電話口の営業マンがそんな勧誘文句を繰り返していた。

どこかで入手してきた名簿を使って電話をかけまくる手口は同じだが、多くの業者が高年収の一流企業の社員や医師、投資経験者に照準を合わせたのに対し、O社は消費者金融やカードローンで借金を抱える公務員や会社員を狙い撃ちにした。「借金苦の自衛隊員や地方公務員」が標的の一つだった、とO社の元従業員は明かす。

「不動産に投資をすれば、消費者金融の借金を帳消しにできる。借金は増えても、金利は下がり、家賃収入まで入ってくる。低金利の今だからできるチャンスなんですよ」

見るからにガラの悪い男たちがそんな調子で引っかけてくる客は、たとえば消費者金融で200万円ほどの借金を抱え、返済に汲々としている公務員だ。年収は300万円台でも400万円台でも構わない。どうせ源泉徴収票は偽造するので、額がいくらでも手間は変わらない。売りつけるのは、築30年超で管理状態も悪い、北関東地方の中古1棟マンションだ。

口説き倒して契約にこぎつけたら、消費者金融への借金は業者が肩代わりして完済する。年収は水増しし、預金通帳も偽造、空室だらけの物件が8割以上埋まっているように偽装もして、社員同士で賃貸契約書を捏造する作業は他と同じ。そうして銀行から1億円程度の融資を引き出せれば、もとは6000万円程度の物件なので、数百万円の借金を肩代わりしても十分な利益が手元に残る。

消費者金融やカードローンでは、年10％前後の利息を搾り取られる。不動産投資向けローンの金利は、金利が高めのスルガ銀行でも3〜4％台。金利が低くなり、家賃収入も入ってくるという営業トークにウソはない。

ただ、貯蓄もなく、年収も高くない債務者にはその先、地獄が待っている。借金は数十倍の1億円に膨らみ、利息だけで年400万円を請求される。家賃収入はたとえ満室になっても600万円に届くかどうか。業者が家賃保証を解いた瞬間に、客は行き詰まる宿命にある。実際、O社の客には自己破産する者がめずらしくなく、なかには自殺してしまった人もいるという。

節税したつもりが実は大損

「節税対策」のうたい文句にも注意が必要だ。

これまで取材してきた医師や高給の会社員の中には、「所得税還付」の金額を示されて不動産投資に参入した人も少なくなかった。マンション1室で年15万円の還付金が受け取れる。そんなセールストークに引っかかって投資を決める人もいたが、15万円を受け取るには、不動産でかなり損をするのが前提だと気づくのはだいぶあとのことだ。

所得税は、個人が1年間の所得の総額に応じて国に払う税金だ。所得が高い人ほど税率は上がり、払う税金も増える。収入が2000万円を超える場合や、給与以外に多額の所得がある場合は、翌年2~3月に税務署へ申告し、確定した税額（の残り）を納付することになる。

この確定申告で、給与から天引きされた源泉徴収額が最終的な納税額を上回る場合は、余分に徴収された金額が「所得税の還付」という形で戻ってくる。

不動産投資を行っている場合は、事業収入がプラスなら払うべき所得税が新たに発生し、マイナスなら給与所得と相殺することで所得税の還付を受け取れる可能性がある。つまり、事業収入がマイナスにならないと、所得税の還付は発生しない。

個人による貸家業の収支は、家賃収入から経費を引いて算出される。経費には、銀行に払う借入利息（元本返済は含まれない）や管理費、修繕費、固定資産税、減価償却費などが含まれる。減価償却とは、建物などの資産価値が目減りする分を収入から差し引く仕組みのことで、額は物件の構造や築年数などによって変わる。

事業収入が赤字になる要因には、家賃収入がかなり少ない、借金の利息負担が重い、築年数の古い物件で多額の修繕費や管理費がのしかかる、といったことが挙げられる。

要は、所得税の還付を受けるには、好条件で収益性の高い物件は不向きで、入居者がなかなか決まらないような悪条件のほうが適している、ということになる。所得税の還付をもらうことと、貸家業で収益を得るということは、本来は相いれない目的のはずだ。

同じことが、「不動産は保険代わりになる」というキャッチコピーにも当てはまる。

多額の借金による物件購入時に「団体信用生命保険」に加入することができれば、債務者が借金の返済途中で亡くなったときには、借金を帳消し（保険で残債を返済）にしたうえで物件を遺族に引き継げるため、不動産購入が「生命保険」の役割を果たす面はある。

しかし、団体信用生命保険の保険料相当分は、銀行の金利に上乗せされているのが一般的だ。死亡時に借金を帳消しにするのに十分な手数料を、利息とともに払わされることになる。死亡時の保証という安心を買うのが目的なら、会社の団体生命保険や市販の保険商品を買うほうがいい。

「保険代わり」という言葉に釣られ、物件選びの判断が甘くなるようでは元も子もない。

ヤバイ確定申告の中身

毎年2月から3月中旬まで、一部の零細業者は煩雑な書類作成に追われる。確定申告の締め切りが3月15日で、多くの業者が物件を売った客から確定申告の代行を請け負っているからだ。

不動産に投資し、給与所得とは別にまとまった所得ができると、確定申告が必要になる。今まで会社の給与以外に所得がなかった会社員にとって、煩わしい作業であるのは間違いない。

投資物件を買った業者に物件管理や家賃回収を委託している場合には、不動産による収支の関連書類はあらかた業者の手元にある。あとは源泉徴収票などの書類を取り寄せれば、確定申告の手続きに必要な材料はひと通りそろう。

ただ、税理士ではない一介の業者が、客の確定申告を代行する営みは税理士法に反する行為だ。お抱えの税理士に確定申告を代行させ、代行費用を請求する業者もいるが、なかには税理士に委託する手数料をケチり、業者が客にも無断で確定申告をやっている例もある。

確定申告は無料でやってあげるなどと、不動産業者がしつこく勧めてくる場合は、なにか意図があると用心したほうがいい。

多いのは、銀行から多額の融資を引き出す際に改ざんした年収や物件価格と、つじつまを合わせるケースだ。

実際の年収は６００万円なのに、銀行には８００万円だとウソの申告をする際に、銀行から確定申告後の課税証明書などを提出するよう求められることがある。そうなると、単に源泉徴収票を偽造するだけでなく、税務署にも水増しした年収を申告する必要に迫られる。

ただ、税務署に申告する所得を増やせば、その分だけ納税額も増えかねない。銀行に申告する年収の水増しには気づかないとしても、徴収される税額が増えれば、さすがに客も黙ってはいない。

そこで不正業者が行うのは、確定申告で顧客の収入を水増しすると同時に、不動産事業の所得申告欄で、「経費」をでっち上げることだ。架空の修繕費を計上するなどして経費を膨らませ、不動産事業による収支（＝所得）は実際の額より少なく申告する。そうすることで、改ざん前と後とで課税対象となる所得全体が大きく変わらないようにする。

「ね、そうすればお客さんの納税額はほとんど変わらないでしょ」

ある業者はどこか誇らしげに解説してみせたが、ヤバい営みには違いない。

年収を水増ししていなくても、架空の経費計上で所得税を不正に引き下げ、「節税効果」をうたう業者もいるかもしれない。そんな手口に安易にのっかって税務署の目に留まったときに、脱税のそしりを受けるのは業者ではなく、申告者である客自身だということも忘れないようにしたい。

相続税対策で田んぼにアパート

目的を見失ってはいけないのは、自分の土地にアパートを建てる地主も同じだ。

2015年にあった相続税の課税強化で、相続する資産が以前より少なくても課税されるようになった。ただ、所有地に貸家を建てれば、土地に対する相続税の評価額は下がる。

そのことに着目した大手ハウスメーカーが「節税効果」をうたって営業攻勢を仕掛けたことが、アパート建設が激増した一因だ。

節税対策の目的は税金を減らすことではなく、減らすことで得することにあるはずだが、過大なコストやリスクを抱えて損をしかねない点は伏せられがちだ。

アパート建設ラッシュの現場（富山市内、2017年1月）

私がJR富山駅からレンタカーを駆って郊外に向かったのは、17年初めのこと。駅から南西へ20分走ると、宅地造成が進む休耕田から金槌《かなづち》の音が聞こえてきた。そっくりな2階建てアパートがあちこちで建てられているところだった。

アパート建設ラッシュとなった16年の統計を都道府県別に見ると、貸家の着工は地方での伸びがとくにめだつ。長野は前年比36・8％、富山で同36・7％など、徳島や福島も加えた4県で3割を超える過熱ぶりだった（国交省「住宅着工統計」）。

長野では大型工場の新設などで需要を当て込んだことが背景にあったが、富山では急増する要因が見当たらなかった。そこで、富山市でアパートが建つ土地の登記簿を頼りに、何人かの「大家」を訪ねて回った。

ある農家の70代のおじいさんは、コメ作りをやめて放っていた田んぼに道路と電気を整備し、2階建て8部屋のアパートを完成させた。土地は親から引き継いだものだが、建物の建築費に電柱やガス管の設置費用がかさみ、総工費は1億円。9000万円近くを地元の銀行から借り入れた。

金利は3年固定で年0・85%と低い。この金利水準は金融緩和の恩恵を受けたと言えるだろうが、毎月30万円弱の返済はこの先、おじいさんが100歳を超えるまで続く。4年目以降は変動金利で金利の上昇リスクもあり、亡くなったあとは家族に引き継がれることになる。借金が残ることも相続する資産額を減らす効果はあるものの、喜んではいられない。

賃料は1室6万円ちょっとで、半分は完成後も「入居募集中」だ。大手ハウスメーカーが月額40万円あまりの家賃保証をするが、管理手数料や設備の維持費まで引かれて家賃収入は30万円台前半。銀行返済を差し引くと、手元に残るお金はわずかだ。築年数がたつと家賃が下がって空室も増える可能性があり、とても1億円も稼げるシロモノには思えない。保証された家賃収入の引き下げを数年後に迫られるのは避けられないだろう。

おじいさんは、大手ハウスメーカーの「相続税を減らせる」という口車にのせられてアパートを建てた。相続税が減るのは間違いないが、借金の規模や収益性の悪さ、要する経費（修繕費や管理委託費、銀行利息など）も考え合わせると、減らせる税額より出費のほうが大きくなるおそれがある。悲しいことに、親から譲り受けた田んぼには、ほかにも複数のアパートが建っている。借金はかなりの額に上るようで、将来のリスクは大きい。

「得すると聞いて決めたんだけどな。手数料とか、意外にお金が取られるもんだと、あとからわかってきてね。もう手放さないといかんかもなぁ」

おじいさんは悠長に構えていたが、あとを継ぐ家族を思うと心配だ。

ひとごとではないレオパレス問題

建築基準法違反のアパートを全国で大量供給していたことが発覚した賃貸アパート大手「レオパレス21」（東京都中野区）も、土地を持つ個人地主をターゲットにして、アパートを造らせるのが基本的なビジネスモデルだ。

同社は2019年2月7日の記者会見で、耐火性能が基準を満たさないなどの建築基準法違反の疑いがあるアパートが新たに1324棟見つかったと発表した。物件は全国33都府県にまたがる。なかでもとくに危険とされるのは、天井の耐火性が不十分な「ゴールドレジデンス」シリーズの641棟。入居者は引っ越しシーズンが佳境なときにいきなり退去を迫られるなど、全国で混乱を引き起こしている。

73年設立の同社は、現社長・深山英世《みやまえいせい》氏のおじにあたる深山祐助《ゆうすけ》氏が創業した。敷金を無料にした賃貸物件「レオパレス21」を85年に始めて大ヒットさせたのが屋台骨となり、89年には東証1部に上場も果たした。

地主に長期の「家賃保証」をうたい、建てたアパートを丸ごと借り上げる「サブリース契約」を交わす構図は、シェアハウス商法にも通じるところがある。大きく異なるのは、新築時から数年〜10年後の賃料減額をめぐってトラブルになることはあっても、上場企業だけに契約をすぐに破ったり、決定的な不正が話題になったりすることはこれまであまりなかったことだ。

同社の営業攻勢が隆盛を極めたのは、90年代のこと。バブルが崩壊し、金融不安が猛威を振るい、食いっぱぐれのない富裕層でもなければ融資の対象と見られなかった時代だ。

その後、08年のリーマン・ショック後に管理物件の空室率が大幅に悪化した影響もあって、同社は新規のアパート建設から、既存のアパート管理事業の収益性を高める方向に経営の軸足を移しつつあると見られていた。

耐火性が問題になっているゴールドレジデンスにしても、施工されたのは96〜01年と古めだ。それから20年前後もの月日を経て、にわかに耐火性の問題が注目されたのは、18年5月に放送されたテレビ東京の番組「ガイアの夜明け」のスクープがきっかけだ。番組の追及がなければ、約3万9000棟ある同社の物件に目を向けることも、調査委員会で実態を解明するような事態に発展することも、今ごろ起きていなかっただろう。

レオパレスのオーナーにはもともと土地持ちの富裕層も多く、これまでの間に融資の返済がある程度は進んでいるケースも含まれる。最近のシェアハウスの物件オーナーほどには、路頭に迷う人は多くないかもしれない。

ただ、レオパレスほど大手の上場企業であっても、いい加減な工事がまかり通り、報道で暴かれるまで20年もの間、不正を隠し通すことができてしまうのだ。

監視の目が行き届かない中小零細業者であれば、そこで造られた物件にどんな〝爆弾〟が潜んでいるとしても不思議はない。いつ爆発するかもわからず、責任をもって対応してもらえる当てもない。そんなリスクまで個人で背負っているのが、1棟物件のオーナーたちだ。

ランキングサイトもお金で操作

話を一般の会社員による不動産投資に戻そう。

新築アパートと区分マンションを投資家向けに売る東京都港区の不動産会社S社。紙の名簿で電話をかけまくる営業手法に早くから見切りをつけ、ネット広告に営業資源を集中させてきた。「これからはネット集客の時代だ」と、社長が社内で鼓舞するのをS社の元従業員はよく耳にしていたという。

宣伝費のほとんどは、ネット広告に投入した。グーグルで不動産投資について検索したときに表示されるバナー広告、「楽待」や「健美家」といった投資不動産情報サイトでの宣伝にも力を入れた。ライバル会社で不祥事があれば、ここがチャンスとばかりに広告を増やす。営業電話に手間とお金をかけるよりも、はるかに効率よく客をおびき寄せられた。元従業員はそう振り返る。

ランキングサイトの運営者にお金を払うことも厭わなかった。「客が資料請求するのはランキングの上位3社まで」とみて、お金を払って操作してもらってでも、自社名が上位に連なることを求めた。そうしたサイトも信用してはいけない、ということだ。

客から資料請求があれば、詳しい宣伝資料や投資指南の本を送る。不動産投資の勉強をするための「セミナー」も数多く開き、興味を持つ客に向こうからアプローチしてくる入り口を増やす。電話をかけてきて「もう少し話を聞きたい」という客に狙いを絞る戦略だ。それほど投資に興味のある現役世代が多いことの裏返しでもある。

元従業員が語る。

「やってくる客には、他社も多く回ってよく勉強している玄人肌もいたが、8割ぐらいはド素人。『本当に大丈夫か』と半信半疑でやってくるが、1、2時間かけて話をすれば、不安が和らいできて気も緩む。流れで『じゃあ、ちょっと物件を見てみましょうか』と持ち込めたら、エサに喰いついたようなもの。都内ならその日のうちに物件を案内する。区分マンションなら23区限定。ピカピカの物件を見ちゃうと、たいていの人間は欲しくなっちゃうんですよ」

区分マンションか1棟アパートかは、客の興味に応じて勧める。立地を重視する客には区分マンション、利回りを追い求める客にはアパートを推すことが多かった。ただ、アパートのほうが高額で、売り上げへの貢献が大きいため、客にすこしでも隙があれば、「大きな土地が手に入るのは区分マンションにない魅力ですよ」などと売り込んだ。

バカ正直な客は喰いモノになる

自己資金が乏しい客に対し、物件価格を値引きしたり諸経費を省いたりして対応する習慣はS社にもある。ただし、「結局、ごね得なんですよ」と元従業員は解説する。

客がどのくらい自己資金を出せるかは、ネット上の資料請求時にアンケートで自己資金額を尋ねるため、その回答からおおよその見当をつけられる。

新築アパートで1億円程度の物件だと、諸経費だけでも500万円程度の自己資金が必要になるが、貯蓄が足りないという理由だけでなく、妻から同意を得ることができずに自己資金を払えないという例も多いという。

そんななか、正直に「自己資金：1000万円」と回答してくる客は、垂涎《すいぜん》の的だ。

理由は、営業マンの報酬システムにある。アパートなら数百万円単位、区分マンションでも数十万円単位のボーナスを受け取れるが、客に値引きをしたらその分だけボーナスは目減りする。会社にとっては、利益が変わらない都合のいいシステムだ。

S社の場合は、さらに「社内ポイント制度」もあり、値引きをしない度合いに応じてポイントがつく。ポイントがたまると翌年は主任や係長に昇格し、報酬の取り分が大きくなるため、営業マンは競って値引きをしないように勤《いそ》しむ。バカ正直な客はその格好の餌食となる。

逆に実績ゼロの「タコ」が2カ月続くと、月に約4万円の時間外手当がなくなるペナルティーもある。「2タコ」が近づいた営業マンは値下げしてでも売りたいと考えるため、客の立場からは値引きを引き出しやすい状況になるという。

しかし、やたら「自己資金がない」とごねれば得かというと、そうではなさそうだ。

「営業マンにもハートはあるので、利益をもたらす客にはそれなりにサービスしたいと思うものですよ」

と元従業員。同じ年収でも、自己資金を払う客には立地がよくてすぐ売れそうな物件を紹介し、自己資金が出せない客には、売れなくて困っているような物件をあてがうことが多いという。

とはいえ、いちど紹介した物件を引っ込めるのは難しい。自己資金が出せると言って交渉に入ったのに、契約目前になって「妻に反対された」と切り出され、その段でごねられると値引きにも応じざるを得なくなる。その場合が「いちばんつらいですね」と元従業員は認める。

S社では2016年から、有名俳優を起用したテレビCMも流すようになった。その結果、セミナーへの出席者数は大幅に増え、客の属性も高くなった。自己資金を払える〝カモ〟が増え、途中でキャンセルする人も減った。元従業員の分析はこうだ。

「テレビCMは会社の信用を高め、女性への好感度も高い男性俳優を使ったことで、奥さんたちの反対に遭う確率が劇的に減ったようです」

それは高値の物件をつかみ、過大なリスクを背負う会社員が増えていることの裏返しでもある。

〝ババ〟みたいな違法物件

大阪・北新地にあるクラブには、不動産業者P社の社長がよく飲みに来ていた。

その店で顔見知りを見つけては、「違法建築の物件あったら、もってきてな」と声をかけまくっていた。不動産投資がピークを迎えた2016年のこと。大手の不動産賃貸仲介会社の支店の店長から12年に独立し、投資物件の仲介、つまりは「三為取引」に転じて荒稼ぎしていた。

ある日、なぜ違法建築物件が欲しいのかと仲間から尋ねられると、P社長は意気揚々とこう明かした。

「ふつうの物件は競争が激しすぎて勝負できひん。ワイが欲しいのは昭和50年代に建って容積率がオーバーしているような違法物件や。そういう〝ババ〟みたいな商品なら、利回りは15〜20％。値段をつり上げて8％で売れば、ガッポリ儲かるやん」

「違法物件じゃ8％は無理やろ」ときかれると、社長は「そこはうまく処理するんや」と濁した。つまりは「買ったらあかんヤツ」限定で格安の物件を仕入れ、違法建築であることを伏せながら投資家に売りつける。そんな手口で多い月には10棟を売りさばいていたようだと、仕事仲間は明かす。

P社のターゲットは、医師と一流企業のエリート社員。客に共通するのは、言葉巧みに誘われて信用させられたあと、業者に任せっきりとなることだ。業者に示された数字をうのみにし、コストをよく調べることもなく、現地まで物件を見にいくこともしない。業者の言いなりだったのだ。

不動産投資ブームのさなか、以前なら見向きもされなかった低価値の物件までもがよく売れた。バブルに踊らされ、魅力の乏しい物件を高値でつかんだ投資家は、ブームが過ぎ去ったあとで自身の不明を思い知るだろう。

築年数が古く入居者もつきにくい地方の1棟マンションやアパート。トイレと風呂が共同で利便性も低いシェアハウス。それに法律に合致しない賃貸住宅物件は、よほど格安で売られるか、取り壊して更地にでもしない限り、引き受ける者は限られる。現金化するのが難しいことからも、抱えるリスクは大きい。

会社員が20億円借りた「1法人1物件スキーム」

「物件を売却してローンを一括弁済するか、金利を4・5%に引き上げるか。どちらか選んでご対応いただけますか」

不動産投資に勤しんできたサラリーマン大家の一部が2018年後半以降、大手銀行の支店に呼ばれては、担当者からそう求められている。「求める」というよりは、「命じる」といったほうが正確だろう。要は、今すぐ借金を返すか、できないなら金利を引き上げるぞ、と詰められているのだ。

「一括弁済」のターゲットは悪質な例に限られるが、銀行が問題視しているのは、投資物件を購入する際に、わざわざ合同会社を設立してローンを組む手口。「1法人1物件スキーム」と呼ばれる。客が多額の借金を抱えていることをあえて隠し、新たなローンを引き出しやすくすることが目的だ。

たとえば、ある地方銀行のA支店でローンを組み、投資物件を買うため、A支店の担当エリア内に合同会社を設立する。自分や妻を代表者とし、所在地はシェアオフィスにでも置いておけばいい。物件の買い主とローンの借り手は合同会社とするため、ローンを組んでも、個人の借金にはあたらず、銀行がチェックする個人の信用情報には反映されない。

すると、同じ顧客が次に別の信用金庫のB支店でローンを組み、投資物件を買うため、B支店の担当エリア内にシェアオフィスを見つけて新たな合同会社を設立する。融資審査では、代表者ら個人の信用情報はチェックするが、個人が別の合同会社を営み、そこで他行から借金をしていることにまでは目が向かないため、承認を得やすい、というわけだ。

金融機関が個人の不動産投資向けに融資する場合、借入額は個人の年収比で7倍、10倍といった上限が内々に決まっていることが多い。他行の借り入れも勘案されるため、年収が1000万円前後あるとしても、累計で5億円（50倍）にも10億円（100倍）にも上るようなお金を貸し出す銀行はほとんどない。

しかし、一つの物件、あるいは一つの金融機関ごとに、一つの合同会社を新たに設置すれば、会社の設立費用やシェアオフィスの利用料と引き換えに、借金は際限なく膨らませられる可能性がある。そうした手口で、投資物件を続々と増やすことがここ数年、一部の業者と客の間で蔓延した。

首都圏に住む30代の男性会社員の場合は、17年初めからの2年間で中古マンションと新築アパートを計十数棟も買い漁り、借金の累計額は20億円台半ばに達した。借入先はメガバンクからネット銀、地方銀、信金まで多数で、借入先ごとに設立した合同会社は15を超える。

同様の仲間でつくる〝大家の会〟があるといい、ネット上や投資本で保有件数や借金額の多さを誇る〝メガ大家〟のなかにも、合同会社を無数につくった人は少なくないはずだ。ただし、このスキームも銀行を欺く行為であることに変わりはない。そこに貯蓄の水増しなども加えて発覚すれば、銀行の対応は厳しいものになる。

実際、複数の大手銀行は18年後半以降、お金を借りる合同会社の役員名やその住所を照合し、他行での借り入れも突き止める動きを本格化させている。その結果、新築アパートの建築途中で融資が止まったり、冒頭のように融資金利の引き上げを迫られたりして、金策に走る客もいる。

手口を勧めた業者はもちろん、なんの責任も負わない。ツケを払わされるのは、お金を借りた客でしかない。

不正業者〝野放し〟の国交省と東京都

スルガ銀行は不正融資の実態を暴かれ、2018年10月に金融庁から半年間の一部業務停止命令を受け、決算では1000億円超の損失を計上した。創業家は500億円近い融資の返済と70億円近い損害賠償を請求され、100人超の行員が懲戒処分を受けた。

森信親《のぶちか》前長官が率先してスルガ銀行をベタ褒めした金融庁は、後任の遠藤俊英長官が「反省すべきを反省する」と釈明し、不動産融資への監督を強化。不正を見過ごした金融機関への立ち入り検査にも乗り出すなど、相応の代償を払っている。高すぎる価格で物件を買った客は多額の借金を背負わされ、人生の歯車が狂った。

それとは対照的なのが不動産業界だ。

スルガ銀が資料の改ざんを黙認したり指南したりしたとはいえ、実際に預金通帳や源泉徴収票を偽造しまくったのは不動産業者にほかならない。その多くは東京都か国土交通省から宅地建物取引業の免許を交付されている。

宅地建物取引業法では、不動産業者が取引の公正を害したり、取引関係者に損害を与えたりした場合などには、行政処分の対象になるとしている。法令に反し、宅建業者として不適切とみなされる場合も処分対象となる。

融資書類を偽造して貯蓄や年収を水増しし、過剰な融資を引き出す行為が、取引の公正さを害し、関係者に損害を与え、私文書や公文書の偽造・変造を罪とする刑法に抵触しかねないことは明らかだろう。

しかし、朝日新聞がスルガ銀での不正の実態を報じた18年2月中旬以降、同年末までに東京都や国土交通省が銀行融資での不正を理由に行政処分を下した例は、驚くことに一つもなかった。

18年夏の取材では、東京都不動産業課は「通報や苦情が寄せられていない」と言い、国交省不動産業課は「個別の状況をみて必要に応じて判断する」とだけコメントしていた。「捜査権があるわけでもないので、不正の認定は難しいし、影響も大きいので慎重でなければならない」と言う担当者もいた。

だが、多くの業者が犯罪同然の不正に手を染めていたことは、オーナーの弁護団が早くから開示してきた資料からも自明のこと。スルガ銀が公表した調査報告書でも明確になった。すこし調べれば、証拠はすぐ集まるのに、それをしようとしない行政はあえて目をつぶっているのかと思われるほど後ろ向きだ。真意はさっぱりわからない。

年が明けて19年2月12日、国交省と東京都は都内の不動産業者フューチャーイノベーションとイマジンライフがシェアハウス融資で資産額を水増しする不正に関与したと認定し、2社に業務改善命令を出した。本来なら融資が承認されない売買契約を成立させたことが、宅建業法で禁じる「取引の公正を害する行為」にあたるなどと公表した。一連の問題での行政処分は、これが初めてだ。

シェアハウスの取り扱い業者はスマートデイズ分だけで84社あった（スルガ銀行第三者委員会「調査報告書」２０１８年9月7日）。多くが都か国から宅建免許を交付され、不正にも関与していた疑いが濃い。パクリ業者や偽造の外注先、シェアハウス以外の偽造事例も含めれば、不正業者の数は軽く１００社を超える。

しかし、偽造書類で物件価格をつり上げ、不正融資をテコに法外な利益をせしめた不動産業者たちは、何のおとがめも受けずに高笑いしている。店じまいをして悠々自適に過ごす者もいるが、多くは社名を変えて次のカモを物色し、新たなだまし方を練っている。

「この業界は腐りきっている」

同じセリフが業者の口をついて出るのを何度も聞いた。不正に走る業者が得をし、マジメな業者がバカを見る状況に、諦念さえ渦巻いている。

これから不動産投資をやろうとする人がいるとすれば、「野放し」になっている悪質業者の魔の手にさらされることになる。ウソで塗り固めた勧誘にだまされたとしても、損をした投資家は守られず、不当な利潤を得た業者は軽く逃げ切れる。そんな魑魅魍魎の世界に、素人が安易に手を出してはいけないし、まして業者の言いなりになり、巨額の借金を背負い込むなど言語道断だ。

それでも投資したいと考える人のために、次章では、これまで見てきた不動産業者の手口から学ぶべき最低限の心得について検討していく。

第7章　それでも投資したい人のために

ブームのあとにチャンスはやってくる

リーマン・ショック後の２００８年12月に発売された『週刊朝日』には、「不動産『底値』チャンスが来る！」との特集が巻頭で組まれた（08年12月19日号）。事件現場を取材して回る週刊誌記者だった私が30代になり、そろそろマンションでも買うかと気まぐれに思い立ち、一から大まじめに取材してまとめたものだ。

長らく下落傾向が続いた不動産市場は、06～07年につかの間の「ミニバブル」に沸いた。首都圏の不動産価格はたった1年の間に1～2割も上昇。「いま買わないと高くなって買えなくなる」とのキャッチセールスに引っかかり、高値で住宅を買った人も少なくなかっただろう。

しかし、07年夏のサブプライム問題や08年秋のリーマン・ショックを契機とした世界的な金融危機に見舞われると、不動産市場もたちまち冬の時代に逆戻りした。地価は反転して急落し、新築マンションのモデルルームでは、営業マンが完成在庫の値札をめくると2割前後も値引きした価格が出てくる場面にも遭遇した。まさしく〝バーゲンセール〟の様相だった。

08年末の特集記事では、09年から10年終わりにかけて不動産価格は「底値」を迎える、との予測で大方の専門家は一致していた。

そのうえで、価格が上昇する「上げ相場」よりも、価格が下落している「下げ相場」のほうがお買い得なタイミングだという点も、意見をきいた専門家の共通認識だった。

銀行がお金を貸さなくなり、買う人も業者も少なくなるときこそ、絶好のチャンスが到来する。手持ち資金にゆとりがあることが前提ではあるが、好立地の物件を安く買える好機が訪れる。そう力説したのは、投資物件販売会社の社長だった。

2000~01年にも似た状況があった。その頃に不動産投資した「プロ」たちは、買い時を静かに待ったのち、まるで冬眠から目覚めたかのように、新たな物件獲得に向けて動き出している、とも教わった。

市場が冷えきって誰も買わないようなときが不動産投資の好機であり、裏を返せば、みんなが舞い踊って買いに走るようなブームのときは手を出さないほうがいい、ということだ。

理由は、単に価格が安いから、だけではなかった。

なぜ下げ相場は買い時なのか

当時の私は結局、借金をしてまで自宅を買うのは怖くなった。リーマン・ショック後の雑誌不況で週刊誌の広告収入が激減し、週刊誌記者としての未来に不安を覚えたことも一因だ。

ただ、特集記事で紹介した専門家の声がこびりつき、休みになると、東京都心の自宅アパートの近隣で、あふれ出る売り物件を見て回るようになった。

JR山手線で人気のある駅から徒歩数分の立地でも、年の瀬をまたいだ2009年前半には、自分の手に届きそうな物件を見つけることができた。一人か二人で暮らすには十分な50~60平米のマンションなら、築年数の古い物件で3000万円台、築浅でも4000万~5000万円台で買える物件が転がっていた。

マンションでも所有権のない借地権付きや、耐震基準が変わった80年代初め以前の物件は見向きもされず、店晒《たなざら》しとなっていた。好条件の築浅マンションでもすぐには買い手がつかず、表示価格がじりじりと下がってようやく買い付けが入る、という状況だ。

いまになって思えば、あのとき住宅ローンで自宅を買っておけばよかった、と思わなくもないが、誰も手を挙げないときに、あえて踏み出すのは勇気がいる。価格がまだまだ下がるのではないか、という不安がとくに大きい。

ただ、マイホームにしても、投資用にしても、売り物件が続々と出てきた。売る側の不安も大きかったのだろう。買う側にすれば、不安は漂うものの、物件選びの選択肢が増え、じっくりと吟味する余裕もある。

単に安いだけでなく、素人でも好立地で好条件の物件が手に入りやすくなる。それが「下げ相場は買い時」と考えられる所以《ゆえん》だ。

第2章でも紹介したように、地価は12年から17年にかけて上昇し、都心はとくに高騰した。その間、好立地の不動産物件は飛ぶように売れた。私が物色した駅も同様で、見る限りでは中古物件が4~5割も高くなっている。物件の数は09年に比べれば極端に少なく、旧耐震でも借地権付きでも売れていく。

少なくとも投資を始めるには適した地合いとは思えない。

投資はタイミングが一番

ローンを組むのは怖かった私も、じつは2009年当時、自宅近くで売りに出た投資物件を思い切って（血迷って？）買ってしまった。築20年強で十数平米の小さなワンルーム。価格は800万円強で、家賃は7万円台半ば。入居者を引き継ぐオーナーチェンジ物件だ。

買い急ぐ必要はなく、時間をかけて検討した。近所にある建物を何度も見て回り、管理規約や修繕計画、管理組合の議事録まで取り寄せて目を通した。見た目は経年相応にくたびれているが、管理状態は悪くなく、修繕費は潤沢にある。売り主となる所有者の素性を調べたり、借り手の住人の属性にまで気を配ったりして、素人なりにリスクの大きさを推し量った。そして最後は、空室や失業などに見舞われても自分で住めると考え、マイホームの頭金になるはずだった貯金をはたき、現金でその物件を手に入れた。

仲介業者に払った手数料は、仲介手数料としては上限額の30万円あまり（物件価格の3％＋6万円）。契約手続きに加え、こまごまとした資料の取り寄せに応えた手間を考えれば、適正なものだと思えた。

多くの業者は物件価格の3％＋6万円を仲介手数料として請求する。物件価格が高くなるほど手数料は上がり、業者が買い手も売り手も仲介する「両手」の取引なら、両方から手数料を受け取れる。多額になるようなら値切ってコストを削る余地もあると聞いていたが、数十万円の手数料ではそれも詮無いと思えた。

物件の借り手はそのまま引き継いだが、仲介業者に勧められた物件管理の委託は断った。更新の手続きや日々の対応は地元で信頼の置けそうな町の不動産屋を選んで頼み、家賃の振込先は自身の銀行口座に切り替えた。入金は自分でチェックし、何かあったときは不動産屋さんといっしょに対処する。

ありがたいことに、その後は同じ住人が暮らし続け、家賃も欠かさず払っていただいている。表面的な利回りは10％超。給湯器の交換などで多少の出費はあったが、管理費や修繕費、税金などを差し引いて、10年間で投資額の半分超は戻ってきた計算となる。

同じ物件をいま買おうとしても、売りに出ることが少ないし、出ても4割前後も高い値がつく。ここで投資しても、投資額を回収するには時間がかかるし、年月が経過した分だけ修繕費がかさむリスクは大きくなっている。

投資は結局、「タイミング」が重要だと実感した。

本やネットで紹介される不動産投資の成功例や失敗例を読むときにも、物件の購入時期と文章が書かれた時期に着目するといい。購入時期が市況の悪いときなら好条件の物件をつかめる確率は上がり、市況のいいときに書いた文章なら物件の「値上がり益」を自慢しやすいが、好機を逃した者が後追いするのは難しい。

荒波に向かってこぎ出す覚悟はあるのか

不動産市況にはいま、暗雲が立ちこめているように見える。

日本銀行が金融緩和を始めた２０１３年以降、拡大を続けた銀行の不動産業向け新規貸出額は16年にピークをつけ、２年連続で縮小した。なかでも退潮が著しいのが個人の貸家業向けで、18年の新規貸出額は前年比16・４％減の２兆８３４８億円。緩和開始前の12年以来の少なさで、減少率は調査を始めた09年以降で最大となった（日本銀行「貸出先別貸出金」２０１９年2月8日更新分）。

地方でのアパート乱立が問題視されたのに続き、18年にはスルガ銀行の不正融資が大炎上。貯蓄が乏しく収入が不十分な人にまで多額の融資が実行されていた実態が明るみに出て、金融庁は監督強化に動き、多くの銀行が融資を絞り込んだ。「日本版サブプライムか」と警戒する声もある。

首都圏の新築分譲マンションは18年、販売戸数に占める発売月に売れた割合（初月契約率）が62・１％だった。リーマン・ショックがあった08年の水準（62・７％）を下回り、バブルが崩壊した１９９１年以来、27年ぶりの低水準だ。価格が上がりすぎ、ふつうの給与所得者には手が届かなくなった影響が大きい（不動産経済研究所「首都圏マンション市場動向」２０１９年1月）。

不動産投資物件を紹介する情報サイト「健美家」では、13年頃から上昇を続けた投資向けのマンションやアパートの平均価格が、17年末前後を境に下落基調となっている（健美家「収益物件　市場動向　四半期レポート　２０１８年10月〜12月期」）。不動産投資ブームの終焉は、鮮明になってきた。

そこにダメを押すように差し迫る最大のリスクは、世界的な景気後退局面がやってくることだ。

日本で景気拡大が12年末から続いたのは、米国の景気拡大局面が9年以上にも及ぶなど、世界経済が改善を続けてきた影響が大きい。金融緩和にも後押しされて円安ドル高が進み、海外の投資マネーが日本国内に流入したことは、日本の不動産市場にも活況をもたらした。

だが、好況は永続せず、景気が循環するというのは、私たちの経験則でもある。

19年以降の近い将来に、米国経済が景気の後退局面を迎え、世界経済に大きな影響を及ぼすとの予想は、専門家の間で強まっている。トランプ政権の保護主義政策や米中貿易戦争は、その引き金となるかもしれない。輸出や投資などで海外経済への依存度の高い日本経済は、世界経済が停滞することの影響がとくに大きい。

海外の投資マネーが日本市場から撤退する動きは、すでに株式市場を中心に18年後半から出ていた。世界経済が弱まるとの予測が強まれば、投資マネーが資産から逃げる動きはさらに加速する。不動産市場も無傷では済まない。

日本経済にとって好ましい事態ではないが、プロたちが投資の「好機」と見なすようなタイミングがあるとすれば、だれも不動産などに手を出そうとは思わない、不況の折にやってくる。

そんなタイミングで、ふつうの会社員が大金をはたいて不動産に投資することは、荒波に向かって小舟をこぎ出すようなものだ。それだけの覚悟はあるか。これから投資を始めようという人は、自分に問い直すといい。

誰も経験したことのない超高齢化社会

さらに長い目で見渡すと、日本経済は人口減少と高齢化の強烈な荒波に否応《いやおう》なくさらされる。

すでに国内の人口は2000年代から減少に転じ、首都圏をのぞくほとんどの地域で縮小傾向が鮮明になっている。地方から流入が続く東京都でも、生産年齢人口（15～64歳）は20年代半ばにピークを迎え、その後は減少に転じると予測されている（国立社会保障・人口問題研究所「日本の地域別将来推計人口（2018年推計）」）。

ひとり暮らし世帯は増加しているが、16年前後はその需要を上回る数のアパートが建ちまくり、賃貸住宅の空室率は、地方や郊外を中心に上昇すると見込まれる。安定的な不動産運用が成り立つエリアは今後、さらに絞られてくることだろう。

団塊世代は20年代半ばには、75歳を通り越して70代後半となる。すでに国家予算の3分の1を占める医療や介護などの国費は、放っておくと際限なく膨張する。

世界経済の改善も背景に高い支持率を得た長期政権が、社会保障制度の改革にまったく手をつけなかったツケは、これから必ず払わされる。

現役世代は税金や社会保険料をもっと搾り取られ、高齢者は自己負担割合の増大を迫られる。そうなると働き手はお金を貯めるのが今より難しくなり、高齢者の労働参加も限界を迎え、貯蓄を取り崩して生きる割合が高まることになる。そう考えると、増加を続けた日本国民の現預金が減少に転じるのは時間の問題だ。

貯蓄の減少は、単に投資余力を小さくするだけではない。

これまで潤沢だった国民の現預金は、銀行などに預けることを通じて国債を買い支える原資でもあった。国債の多くを日本銀行が買い占めてきた影響で、ただでさえ国債を買う主体が少なくなっているところに、国民の貯蓄の縮小が重なると、国債はますます買われなくなり、市場金利の指標となる国債利回りが上がりやすくなる。それでも日銀は金利を低く抑え続けられるかどうか。金利の上昇に日本経済は耐えられるのかどうか。今はまだ想像もつかない世界である。

そこで不動産価格は上がっていくのか、または下がっていくのか。それを予測するのも困難だ。どちらのシナリオももっともらしく語ることはできるだろうが、これからやってくるのは、誰も経験したことのない、未知の超高齢化社会だ。そこにどんな市況が待っているのかは結局のところ、結果をみるまでは想像の域を出ない。

だとすると、不動産価格が値上がりすることを前提にした投資計画をあてにしてはいけない。買った物件を数年後に売却して利益を得る前提の「出口」論も、ただの皮算用に過ぎない。不動産が値崩れし、なかなか買い手がつかないシナリオにも、十分に対応できるようにしておくことが大事だ。

業者の手口に学ぶ「不動産投資4カ条」

①自分の目と足で見極めろ

そろそろ結びに向かわないといけない。

ここまで読んでもなお、不動産投資を始めたり手を広げたりしようと考える人には、不動産業者の手口や本音から学んでおくべきところは少なくない。それを改めて整理しておこう。

第一に、「家賃保証」は決してあてにしてはいけない。

空室になっても家賃が保証される、というセールストークはたしかに聞こえがいい。リスクがなくなるかのような錯覚を与え、安心感ももたらし、すがりたくなる気持ちが湧くのはわかる。

しかし、いくら契約書をもっともらしく交わしたところで、約束が破られるときはあっさりと破り捨てられ、その後はなんの保証も受けられない。空室になって家賃が入らなくなるリスクが、投資物件にはつきものだ。それと同じように、業者の「家賃保証」にも、業者の勝手な都合で家賃が踏み倒されたり家賃の減額を迫られたりするリスクが必ず潜んでいる。

勧誘業者が都心の一等地に豪華なオフィスを構えていようと、マジメそうな従業員がたくさん働いていたとしても、彼らが逃げると決断するときは躊躇《ちゅうちょ》も容赦もない。ああだこうだと逃げ口上を並べ、顧客の怒りをそらしたり抑えたりして時間を稼ぐのもお手のものだが、それさえウソっぱちであることがほとんどだ。

そもそも業者がなぜ、空室時の家賃を保証しようとするのかを考えてみるといい。親切心、のはずがない。保証がなければ売れないようなシロモノだからだ。

勧誘時に不動産業者が空室家賃を保証するとうたうときは、その保証を優に上回る「儲け」が購入価格に組み込まれている場合が多い。家賃を保証するためのお金を、あらかじめ自分で払わされているようなもので、価格はその分だけ割高となる。価格はまだ下がる余地があるし、家賃保証がないと買いたくないような物件なら、手を出さないほうが賢明だ。

家賃保証がなくても、空室にはなりにくく収益性が見込める物件であることを、自分の目と足で見極めることが、不動産投資を始める最低限の条件だ。忙しくてそれができないというなら、投資を諦めるか、あるいは宝くじでも買うくらいの腹づもりでやるしかない。二度目、三度目の投資で慣れてきたときに、気を緩めるのも禁物だ。

②コストとリスクをぜんぶ洗い出せ

第二に、業者が示した「利回り」もあてにしてはいけない。

想定される満額の家賃収入を物件価格で割る「表面利回り」は、無数にある投資物件をふるいにかけるには便利な目安だと言える。しかし、実際に物件を運用する際には、さまざまなコストが確実に差し引かれる。満額家賃より収入が減ったり、コストがさらに膨らんだりするリスクもある。隠れたコストやリスクが大きいと、利益が出ずに収支がマイナスとなる恐れがある。表面的な利回りは単なる参考値に過ぎない、ということだ。

物件の収益性を検討するには、コストとリスクをできるだけ洗い出し、より現実的な実質利回りを自分なりに算出してみるといい。

投資のために借金をする場合は、融資時の手数料や何年にもわたる利息を高額なコストとして払うことになる。金利が将来上昇すれば、コストはさらに膨らむ。「自己資金ゼロ」で投資するということは、借金を最大化させてコストを膨らませ、投資が失敗に終わるリスクも肥大化させる。タダほど高いものはない、という典型だ。素人の投資家が安易に手を出してはいけない。

区分マンションであれば、管理費や修繕費の額、中長期的な修繕計画の中身、管理組合の議事録などから、おおよそのコストを見積もりやすい。実際に足を運んで物件を見て回れば、コストが膨らむ見込みや、管理の行き届き具合も見えてくるかもしれない。

総戸数の多い物件なら、建物全体の修繕費や管理費を割る頭数も多くなるので、コストやリスクは応分に小さくできる。逆に戸数が極端に少ない物件だと、コストやリスクは高くつきやすい。1棟もののアパートやマンションは、そうしたコストやリスクをぜんぶ一人で背負うことになるため、個人的にはオススメしない。

利回り計算のもととなる収入も、どれだけ妥当性があるかは自分で見極める。入居者を集めやすい立地かどうか。現行の家賃が周辺相場と比べて妥当かどうか。物件の立地や環境を調べ、賃貸募集のサイトと見比べることなどで、ある程度は把握できるだろう。

実際に見込める収入はどのくらいなのか。自分が背負うリスクはどれほど大きいのか。何百万円、何千万円もかける買い物なのだから、何度でも物件に足を運び、徹底的に吟味するのは当然だ。努力や手間を惜しめば、投資が失敗して「負け」となる確率は高まる。

③迷ったら必ず引き返せ

第三に、業者の言うことをうのみにしないことだ。

業者の一番の目的は、物件を売り、客が払う代金から少しでも多くの利益をかすめ取ることだ。書店にあふれる不動産投資の指南本を見渡してみても、不動産業者やコンサルタントの主張の多くは、甘い誘惑であれ、だれかの悪口であれ、結局は自分の客を増やす方向へ誘導している。盛り込まれる情報やデータが真実かどうかはたいした問題ではない。

そもそも業者と客との間には、大きな「情報の非対称性」があると言われて久しい。業者は豊富な専門知識と情報を握り、彼らが喰いモノにする客の知識や情報はたいてい乏しい。客が自分で知識や情報を集め、よほど真剣に物件の真価を見極めない限り、客にとって不利な情報は伏せられた状態で、投資の判断を迫られることが少なくない。第3章で紹介した三為取引は、その典型だ。

コミュニケーション能力が高く、人当たりがよくて誠実そうに見える業者のなかにも、客を食い散らかして逃げる輩が潜んでいる。そうした業者のほうが、客をダマして儲ける能力に長けていることさえある。見抜くのが難しいだけに、タチが悪い。

業者と接したときの印象や雰囲気に流され、相手の言うことを信用してはいけない。業者の目的が何かを常に忘れず、提供される情報は一つずつ、確からしさを自分で見極めながら前に進んでいくことだ。

不動産投資の枢要は、投じる資金に対し、物件がそこそこの利回りを中長期にわたって得られるかどうかにかかっている。そこで求められるのは、現実的な家賃を想定し、空室になりにくい物件を、余計なコストはなるべくかけず、妥当な値段で買い入れられるかどうかに尽きる。

「節税効果」や「保険代わり」といったセールストークも、部分的には間違っていないとしても、所詮は枝葉の数字に過ぎない。本業でしっかり稼げなければ、小さな儲けがほかに出たところで、たいした慰めにはならない。枝葉の数字や情報に目を奪われ、投資の全体像や枢軸を見失えば本末転倒となる。

銀行から融資を引き出すために、不正に加担するのも言語道断だ。年収や貯蓄を偽ったり、ウソで銀行をダマしたりすれば、バレたときには責任を問われ、ローンの全額返還を迫られたり刑事責任を追及されたりするおそれもある。不正や犯罪とは感じさせないように誘導して加担させるのが、悪徳業者の常套手段だ。みんなやっている、よくあることだ、などと言われても惑わされてはいけない。ほかに例があることは、何の救いにもならない。問題化したときに責任を問われるのは、業者ではなく、借り手（＝買い手）自身だということを肝に銘じよう。

迷ったらいつでも引き返す、という余裕を備えておくことも大事だ。後悔することがないように、不安や疑問が払拭《ふっしょく》できているかに目をこらし、完璧に解消するまでとことん突き詰める。曖昧な説明に妥協するのは禁物。遠慮もいらない。業者に流されてハンコをつくようなことは絶対に避け、自分自身が「これならいける」と十分に納得できたときにだけ踏み出すようにすればいい。

④身の丈に合った投資をせよ

最後に、自身の身の丈に合った投資にとどめることだ。

多くの人が最初に不動産投資を思い浮かべたのは、老後の安定に向けた「資産運用」だったはずだ。仕事などで築く蓄えを現金とは違う形で運用し、その結果として資産をいくらか増やすのが目的ではなかっただろうか。

投資にリスクはつきもの、ということは誰もが頭では理解している。資産を膨らませる可能性を広げようとすれば、貯蓄を目減りさせるリスクもともなうのは、投資の大原則だ。ハイリスク・ハイリターンと言われるように、大きなリターンを追い求めるほど、リスクが膨らんでいくのも世の常だ。そこでどこまでリスクをとるのかは、投資する本人が自己責任で決める。株や投資信託にしても、外貨建ての金融商品にしても、あるいは仮想通貨でも同じだ。初めて手をつけようとするときは、リスクを意識しながらおそるおそる始めることが多いだろう。とくに日本人は用心深く、資産運用にかけては安定性と安全性を求める気質がひときわ強いはずだ。

ところが、いざ不動産投資の世界に足を踏み入れた途端、とてつもなく大きなリスクを、多くの人が易々と背負い込んでいるように見える。触れ込みとは違って空室が続いたとか、設備の故障で多額の修繕費が発生したとか、果ては業者に約束された家賃の支払いを踏み倒されたとか、不動産投資の現場では往々にして起こりうるトラブルが現実に起きた途端に、首が回らなくなって破産の危機に陥る。そんな人がここ数年の投資ブームであまりにも多く生み出された。

多額の借金を組んで過大なリスクを背負うことは、不動産投資で資産を増やす可能性と引き換えに、家族や仕事をも巻き添えにして、自分の人生を賭しているようなものだ。しかも、破産のリスクは投資直後にやってくるわけではない。5年後、10年後、あるいはもっと先に襲ってくる可能性のほうが大きい。将来、手にできるかはっきりしないような「富」にすべてを賭けるほど、価値の小さい人生などありはしない。

自分は大丈夫、と思われる人もいるだろうが、近年、不動産業者の「罠」にはまって抜けられなくなった人には、大企業の一線で働くエリートの会社員たちも多かった。世の中を知らなかった、というわけでもない。ある程度の知識を備え、分別のつく社会人でさえ、ひとたび業者の術中にかかれば、気づかぬうちに過大なリスクを背負わされ、後戻りできなくなってしまうことがある。それは誰の身にも起こりうるものだ。

ウソにまみれた不動産業者の勧誘テクニックは、これからもさらに磨きをかけ、進化を重ねていくことだろう。どれだけ慎重になろうとも、将来への不安から投資に興味を持つ人が現れる限り、業者にダマされて損することを完璧に防ぎきるのは難しい。

だとすると、失敗しても後悔しない、身の丈に合った投資にとどめることがやはり肝要だ。不動産投資で引き受けるリスクは、自身の貯蓄がいくらか目減りして、泣いてやり過ごせる範囲まで。最悪のケースに見舞われ、投資が失敗したとしても、路頭に迷うことがない程度に収めるべきだ。自分の力では返しきれないほど多額の借金を組むようなことはしてはいけない。

無謀な投資で身を滅ぼすことだけは避けるために、この一線は決して譲ってはいけない。

おわりに

悪い不動産業者の間では最近、「なんちゃって」が流行っています。

不動産投資をやりたい客に「フラット35」などの住宅ローンを組ませ、投資目的で賃貸向けの中古区分マンションを買わせる手口を指します。住宅ローンは金利が低い分、客が自分で住むための住居にしか適用されないのが大原則ですが、業者は客の住民票をわざわざ異動させるなど、手の込んだ細工を尽くして金融機関の目を欺きます。実際に住むのだとウソをつくことから、「なんちゃって実需《じつじゅ》」とも呼ばれます。

昔からある不正（ないしは犯罪）の古典的手口ですが、2018年以降、手がける業者が水面下で急増しているようです。スルガ銀行で無数の不正融資が発覚した事件を機に、投資用不動産に融資する金融機関の審査が厳しくなり、不正でボロ儲けできる食いぶちを失った悪徳業者が、新たな〝シノギ〟として「なんちゃって」に流れ込んでいる、ということなのでしょう。

以前はスルガ銀の融資で不正に明け暮れた業者の一人は、こう言っています。

「投資したい客がいて、稼ぎたい業者もいる。やるしかないじゃないスか」

これも日本の不動産行政が、悪徳業者を野放しにしているツケだと言えるでしょう。

国土交通省と東京都は2019年2月12日、都内の不動産業者2社が銀行融資での不正に関与したとして、業務改善命令を出しました。預金通帳が改ざんされまくる実態を、朝日新聞1面で報じたのは18年2月13日付の朝刊。それからちょうど1年後、ようやく初の行政処分が下されたことになります。

不正を新聞で取り上げる前、業者からは「パンドラの箱を開くな」と猛烈な抵抗を受け、客のなかにも「自分たちが罰せられないか」と怯《おび》える者がいました。しかし、ふたを開ければなんのことはありません。犯罪同然の営みが平然と行われていても、刑事罰どころか、業者が免許取り消しや業務停止となることもなく、不正に手を染めた業者の多くは素知らぬ顔で営業を続けています。

不正に関与した業者は見渡せるだけでも軽く100社を超えるのに、1年で2社しか処分しないのはやはり不十分です。

不正に加担した銀行は業務停止となり、引責辞任した経営陣に数十億円の損害賠償を請求しました。不正を見落とした金融庁は国会などで反省の弁を繰り返し、全国の地銀・信金に不動産融資の再点検を迫っています。それと比べると、不動産行政の落差はあまりに激しい。これでは不正が蔓延《はびこ》る実態は、今後も大きくは変わらないでしょう。

業界の浄化がまずは望まれるものの、当面は期待できない以上、悪徳業者が舌なめずりして待ち構えている実態を伝えるべきだ。そう考えたことが本書執筆のきっかけです。読む人が不正の予兆や形跡を嗅ぎ取る嗅覚を高め、知らないうちに加担してしまうことがないように、多少なりとも貢献できたらとも思います。

シェアハウス投資の問題を最初に報じた直後から、じつに多くの方がさまざまな情報を朝日新聞に寄せてくれました。当初は投資に失敗した会社員やその家族が中心でしたが、罪悪感を抱きながら不正を働く不動産業者の内部告発が徐々に増え、銀行側の融資姿勢に問題意識を持つ銀行員たちも加わってきました。そうした情報が私の手元に集約され、メールや電話、会いにも行って話を聞いて回りました。提供される情報は次の記事を書くきっかけをつくり、繰り返すうちにキャンペーンのように増幅していく原動力にもなりました。

そういう意味では、銀行融資や不動産投資をめぐる朝日新聞の一連の報道も、それに依拠する本書も、不正が蔓延る実態をおかしいと考え、情報を寄せてくれた多くの人たちとともにつくったものです。取材にご協力いただいた皆様に、改めてお礼を申し上げます。

日々の取材をともに積み重ねる同僚たちと、のびのび働く環境を与えてくれた職場の助けなしには、不動産の世界にここまで首を突っ込むことはできませんでした。本の企画や原稿に助言と励ましをくれる元「週刊朝日」デスクの河野正一郎さん、マニアックなネタにも反応してくれる朝日新聞経済部の橋本幸雄デスク、出版の機会を頂戴した朝日新書の大場葉子さんにも感謝しています。ありがとうございました。

最後に、不動産業界にもまともな業者はたくさんいると思います。ただ、悪い業者の数はすこぶる多く、その見分け方を突き止めるまでには今回は至りませんでした。私は不動産取引に精通する専門家ではないので、実践にのぞむときはプロの参考書などを頼りにしていただきたいということも付しておきます。

2019年4月

藤田知也

参考文献

朝日新聞取材班『負動産時代——マイナス価格となる家と土地』朝日新書　２０１９年
小嶌大介『だから、失敗する！　不動産投資【実録ウラ話】』ぱる出版　２０１８年
斎藤智明『絶対に知られたくない！　不動産屋の儲けの出し方』ぱる出版　２０１９年
日本経済新聞社編『限界都市——あなたの街が蝕まれる』日経プレミアシリーズ　２０１９年
藤本好二『不動産投資業者のリアル』幻冬舎　２０１８年
三井健太『マンション大全』朝日新聞出版　２０１９年
三宅勝久『大東建託の内幕　〝アパート経営商法〟の闇を追う』同時代社　２０１８年
山田寛英『不動産投資にだまされるな』中公新書ラクレ　２０１８年
藤田知也「スルガ銀行不正融資　追及１６０日」『文藝春秋』２０１８年8月号
「ダマされない不動産投資」『エコノミスト』２０１８年7月31日号
「不動産『底値』チャンスが来る！」『週刊朝日』２００８年12月19日号
「不動産投資の甘い罠」『週刊ダイヤモンド』２０１７年6月24日号
「まだまだあった　不動産投資の罠」『週刊ダイヤモンド』２０１８年9月8日号
「大空室時代が来る！　不動産投資サバイバル」『週刊東洋経済』２０１８年4月21日号
「不動産バブル崩壊前夜」『週刊東洋経済』２０１９年3月23日号

不動産業界〝ウラ〟用語索引

本書に出てくる用語の主な頁を50音順に掲出した。

※筆者への情報提供・内部告発は、
fujitat2017@gmail.com にお寄せください。

藤田知也 ふじた・ともや
朝日新聞記者。早稲田大学第一文学部卒、同院アジア太平洋研究科修了後、2000年に朝日新聞社入社。盛岡支局をへて02～12年に『週刊朝日』記者。経済部に移り、日銀・金融などを担当。18年4月から特別報道部に所属し、シェアハウス投資・スルガ銀行不正融資問題などを取材。著書に『強欲の銀行カードローン』(角川新書)、『日銀バブルが日本を蝕む』(文春新書) がある。

朝日新書
718

やってはいけない不動産投資《ふどうさんとうし》

2019年5月30日第1刷発行
2019年6月20日第2刷発行

著者　藤田知也

発行者　三宮博信
カバーデザイン　アンスガー・フォルマー　田嶋佳子
印刷所　凸版印刷株式会社
発行所　朝日新聞出版
〒104-8011　東京都中央区築地5-3-2
電話　03-5541-8832（編集）
　　　03-5540-7793（販売）

Published in Japan by Asahi Shimbun Publications Inc.
ISBN 978-4-02-295018-5
定価はカバーに表示してあります。